D1720232

Am Anfang des Projekts «Klima Krise» stand eine Frage: Kann die Schweizer Verfassung so angepasst werden, dass der Klimawandel von der Politik ernst genommen wird. Die Frage richtete sich zunächst an Markus Notter, den langjährigen Regierungsrat und Staatsrechtler mit viel Erfahrung in politischen Prozessen. Gestellt hat ihm die Frage Rolf Fehlbaum, Begründer des Vitra Campus und Vitra Design Museums; über 36 Jahre leitete er das Unternehmen Vitra, beschäftigte sich lange Zeit mit gestalterischen Themen und seit seinem Ausscheiden aus dem Unternehmen zunehmend auch mit sozialen Fragen, vor allem mit dem Klimawandel. Ob es möglich wäre, politische Entscheidungen zu rationalisieren, d. h. im Sinne wissenschaftlicher Erkenntnisse vernünftiger zu machen – um diese Fragestellung formierte sich in kurzer Zeit eine Gruppe von Personen aus unterschiedlichen Disziplinen: die Klimawissenschaftlerin Prof. Dr. Sonia Seneviratne, der Ressourcenökonom Prof. Dr. Lucas Bretschger, die Juristen Dr. Charlotte Sieber Gasser und Prof. Dr. Klaus Mathis, der Politologe Prof. Dr. Wolf Linder sowie der Ökonom Andreas Spillmann, damals noch Direktor des Schweizerischen Nationalmuseum. Dieser Kreis diskutierte – zuweilen verstärkt durch den Politologen Prof. Dr. Nenad Stojanović und bald regelmässig durch die Politaktivistin (bis 2022/2023) Laura Zimmermann – im Rahmen von Workshops und Debatten, welche Institution sich verfassungsrechtlich verankern liesse, um ein langfristiges Politikhandeln zur Bewältigung der Herausforderungen des 21. Jahrhunderts zu fördern. Den daraus resultierenden Ergebnissen widmet sich die vorliegende Publikation.

In Ergänzung zu den aus den Workshops hervorgegangenen Artikeln und den Beiträgen einzelner Wissenschaftlerinnen und Wissenschaftler in Teil 1 befragt das Journalistenteam von Ammann, Brunner & Krobath 31 Schweizer Stimmberechtigte in Teil 2 nach ihren Ideen und Sorgen: Fühlen sie sich politisch genug repräsentiert? Wie erleben sie den Klimawandel? Was sind die wichtigsten und was sind keine Probleme des Landes? Entstanden ist eine Momentaufnahme zum politischen Denken stimmberechtigter Schweizerinnen und Schweizer verschiedenen Alters und mit wechselnden Bildungsabschlüssen – von Basel bis Lugano, von Diepoldsau bis Genf.

Ermöglicht wurde die vorliegende Publikation durch Rolf Fehlbaums Nova Foundation, die mitunterstützt wurde von der Else v. Sick Stiftung und der Asuera Stiftung. Ihnen gilt der Dank der Herausgebenden.

Zu danken gilt es auch den 31 Schweizerinnen und Schweizern, allen Autorinnen und Autoren, dem Journalistenteam Daniel Ammann, Simon Brunner und Michael Krobath, Pati Grabowicz und Ludovic Balland für die Fotografie, für die administrative Unterstützung dem Europa Institut an der Universität Zürich, für die Zusammenstellung der erforderlichen Daten dem Bundesamt für Statistik und für die Buchgestaltung dem Basler Studio Ludovic Balland Typography Cabinet.

Mit einem **Zukunftsrat**

gegen die **Klimakrise**

Warum die Schweiz eine dritte Parlamentskammer braucht

Hrsg.:
Sonia I. Seneviratne
Laura Zimmermann
Markus Notter
Andreas Spillmann

Scheidegger & Spiess

Stimmen von Schweizerinnen und Schweizern

«Um mich sorge ich mich nicht. Aber um meine Kinder, Enkel und Urenkel ..., das stimmt mich schon traurig.»

Interview S. 139

« Ce n'est pas pour moi que je m'inquiète. Mais pour mes enfants, petits-enfants et arrière-petits-enfants..., ça me rend triste. »

«Wenn man etwas Falsches sagt oder anders ist, wird man sofort an den Pranger gestellt.»

Interview S.198

«Wenn die Wüste wächst, kommt es zu einer gigantischen, furchterregenden Völkerwanderung.»

Interview S.173

«Sorgen? Das ist keine Frage, die ich besonders mag.»

Interview S. 206

« Des soucis ? Ce n'est pas une question que j'aime particulièrement. »

«Und wir sollten über die Neutralität nachdenken.»

Interview S. 202

«Unser grosses Problem ist der Wassermangel.»

Interview S. 161

« Notre grand problème est le manque d'eau. »

«Die Landsgemeinde ist für mich die direkteste Form der Demokratie.»

Interview S. 200

«Sie können sich nicht vorstellen, wie konservativ unsere medizinischen Institutionen sind.»

Interview S. 170

«Für die tiefen Löhne der Frontalieri würden wir Schweizer nicht arbeiten.»

Interview S. 158

«Mich beunruhigt, dass das Leben immer teurer wird, ganz besonders bei uns in der Schweiz.»

Interview S. 218

«Die Leute haben keinen blassen Schimmer, was wir tagtäglich leisten.»

Interview S. 215

«Mein Credo lautet ‹Ain't no mountain high enough›.»

Interview S. 220

«Viele Leute reagieren ganz dreckig, das tut weh. Sie sagen mir ins Gesicht: ‹Du lebst vom Staat, pfui!› Und ich lese solche Sätze auch in den sozialen Medien.»

Interview S. 204

«Ich rechne nicht mit gewaltsamen Protesten, aber durchaus mit Demonstrationen. Wenn die Energie-kosten weiter steigen, könnte es für immer mehr Menschen kritisch werden.»

Interview S.167

« Je ne m'attends pas à des protestations violentes, mais à des manifestations. Si le coût de l'énergie continue d'augmenter, la situation pourrait devenir critique pour un nombre croissant de personnes. »

«Als Uhrmacher weiss ich: Zeit zu haben, ist so wertvoll.»

Interview S. 142

Die Schweiz braucht eine dritte Parlamentskammer

Das Unbehagen

Bei den drängenden Herausforderungen der Gegenwart ist die Schweiz blockiert. Wir scheitern (wie andere Länder auch) an der Bewältigung der Klimakrise, trotz überwältigender Evidenz, dass rasch und effektiv gehandelt werden muss.

Auch zahlreiche andere Probleme – von der ausbleibenden Rentenreform bis zur ungeklärten Positionierung der Schweiz innerhalb Europas – werden nicht gelöst, sondern zusätzlich verschärft, indem man sie wortreich auszusitzen versucht.

Wir spielen auf Zeit, die wir nicht haben.

Wir stehen 175 Jahre nach der Gründung des Bundesstaates an einem Kipppunkt: Noch sind wir grundsätzlich überzeugt, in der besten aller politischen Welten zu leben; aber gleichzeitig wird der Politik immer weniger zugetraut, die Herausforderungen Erfolg versprechend anzupacken.

Das Unbehagen in der politischen Kultur wächst.

«Das Wort ‹Malaise› drückt eine immer weiter um sich greifende schweizerische Grundstimmung aus. Es bezeichnet eine seltsame Mittellage zwischen ungebrochener Zuversicht und nagendem Zweifel. [...] Noch bleibt die Haltung der Bürger weit von der offenen Ablehnung entfernt; aber das selbstverständliche Einvernehmen mit der politischen Umwelt und ihrer Form, der Demokratie, ist zerbrochen.»[1]

Max Imboden, Rechtsprofessor, Nationalrat und erster Präsident des Schweizerischen Wissenschaftsrats, schrieb diese Zeilen vor rund sechzig Jahren, in einer Zeit wachsender Unzufriedenheit, die in den Unruhen von 1968 gipfelte. Er stellte damals eine Diagnose, die uns seltsam vertraut vorkommt. Auch heute herrscht in weiten Kreisen der Bevölkerung ein Gefühl des Befremdens und der Entfremdung im Hinblick auf die von Parteiengezänk und Populismus aller ideologischen Spielarten geprägte Politik. Im Land von Konsens und Konkordanz werden pragmatische Vorschläge zwischen den politischen Polen zerrieben, gilt Kompromissfähigkeit allzu oft als Zeichen der Schwäche.

Das eidgenössische Parlament ist zudem weit davon entfernt, die Stimmbevölkerung auch nur ansatzweise repräsentativ abzubilden. Etwas zugespitzt könnte man sagen, dass wir als Gesellschaft einen De-facto-Ausschluss ganzer Bevölkerungsgruppen von der aktiven Politik einfach akzeptieren. Politikverdrossenheit macht sich breit.

Max Imboden war noch überzeugt, dass die Haltung der Bürger von der offenen Ablehnung unserer Demokratie «weit entfernt» sei. Trifft dies auch heute noch zu? Für die Generation Z oder die Millennials?

Eine breit angelegte Studie[2] der Universität Cambridge kam 2020 zu einem alarmierenden Befund: Die Millenials sind die erste Generation, die weltweit mehrheitlich unzufrieden damit ist, wie die Demokratie funktioniert. Der Hauptautor des Berichts, Roberto Foa, präzisiert: «Wenn das Vertrauen in die Demokratie geschwunden ist, dann deshalb, weil die demokratischen Institutionen bei der Bewältigung einiger der grössten Krisen unserer Zeit versagt haben – von Wirtschaftskrisen bis hin zu den Bedrohungen der Erderwärmung.»[3]

Die Krise der Demokratie kann nicht ausgesessen werden, ebenso wenig, wie der Klimawandel oder der demografische Wandel wieder verschwinden werden. Gerade in Zeiten, in denen die «Verlockung des Autoritären» (Anne Applebaum) in vielen Teilen der Welt scheinbar unaufhaltsam wächst, ist ein «Weiter so» keine Option mehr. Wenn wir der Herausforderung durch autoritäre Regime damit begegnen, dass wir selbst autoritärer werden, verspielen wir das Wertvollste, was wir haben: unsere Demokratie und mit ihr unsere Freiheit.

Unsere Antwort auf die Krise der Demokratie lautet: mehr Demokratie.

Unser politisches System muss revitalisiert und den veränderten gesellschaftlichen Bedingungen angepasst werden.

Die Demokratie ist zu wichtig, um sie Politikerinnen und Politikern zu überlassen.

Ist es zu spät für Klimasicherheit?

Sonia I. Seneviratne
Ordentliche Professorin für Land-Klima Dynamik an der ETH Zürich

Seit dem Pariser Klimaabkommen sprechen wir oft vom 1.5-Grad-Limit. Was ist damit gemeint, was hat es mit Klimasicherheit zu tun – und ist es zu spät, um dieses Limit einzuhalten?

Das Pariser Abkommen von 2015,[1] das von der Schweiz und den meisten Ländern der Welt ratifiziert wurde, setzt folgendes Ziel für die Stabilisierung des menschenverursachten Klimawandels: eine Begrenzung des Anstiegs der globalen Durchschnittstemperatur auf möglichst 1.5 °C bzw. deutlich unter 2 °C über dem vorindustriellen Niveau (Mittelwert der Jahre 1850 bis 1900).

Das Pariser Abkommen bat ausserdem den Weltklimarat (Intergovernmental Panel on Climate Change, IPCC) um einen Bericht über die Konsequenzen von 1.5 °C globaler Erwärmung und die möglichen Pfade, um dieses Limit einzuhalten. Ich war eine der Autorinnen und Autoren dieses Berichts («Global Warming of 1.5 °C»[2]), der 2018 veröffentlicht wurde. Das Fazit des Berichts ist eindeutig: Es lohnt sich, die globale Erwärmung auf 1.5 °C zu begrenzen, weil wir damit mehrere zusätzliche Risiken, darunter auch irreversible Schäden, vermeiden würden; und es ist möglich, die globale Erwärmung auf 1.5 °C oder nahe an diesem Limit zu begrenzen, aber dafür werden grundsätzliche Veränderungen in Gesellschaft und Wirtschaft benötigt: Wir sollten die *CO_2-Emissionen bis 2030 halbieren* und unter dem Strich *spätestens in den Jahren 2040 bis 2050 auf Null* herunterbringen.

Fünf Jahre und weitere IPCC-Berichte später haben sich die Schlussfolgerungen nicht geändert, aber die Dringlichkeit hat zugenommen. Schon heute ist die globale Erwärmung mit ca. 1.1 bis 1.2 °C zu hoch;

und auch wenn es hier und dort Versprechungen von Ländern und Firmen gibt, ihre CO_2-Emissionen zu reduzieren, sind wir nicht auf dem Weg zu einer Halbierung der CO_2-Emissionen bis 2030.[3] Dafür bräuchte es viel weitreichendere Massnahmen, zum Beispiel die Implementierung von erneuerbaren Energien und das baldige Verbot von fossilen Heizungen und Verbrennungsmotoren. Diese Bilanz wurde auch an der Klimakonferenz in Glasgow 2021[4] gezogen. Eine wichtige Botschaft der letzten IPCC-Berichte[5] – in der Öffentlichkeit zu wenig wahrgenommen – lautet, dass es eine systemische Transformation der Gesellschaft braucht, um die Paris-Ziele zu erreichen: Verantwortungsvolle Gesetzgeber sind folglich dazu angehalten, politische Systemtransformationen in die Wege zu leiten.

Aber warum sind die Paris-Ziele und das 1.5-Grad-Limit so wichtig? Mit jeder weiteren Zunahme der globalen Erwärmung nimmt die Intensität und Wahrscheinlichkeit von Klimaextremereignissen, z. B. Hitzewellen, Trockenheit, Starkniederschläge, zu. Das ist in Abbildung 1 für Temperaturextreme und Starkniederschläge illustriert, die auf dem letzten IPCC-Bericht zur physikalischen Grundlage des Klimasystems basiert.[6,7]

Wir sehen in dieser Abbildung, dass mehr globale Erwärmung eine höhere Wahrscheinlichkeit von ausserordentlichen Extremereignissen verursacht. Dies bedeutet wiederum eine zunehmende Wahrscheinlichkeit, dass wir die Grenzen der Anpassung erreichen.[8] Wir erleben zum Beispiel bereits Sterbefälle aufgrund des menschenverursachten Klimawandels nicht allein in Entwicklungsländern, sondern auch in der Schweiz, unter anderem als Folge von extremeren Hitzewellen.[9] Ausserdem gibt es diverse irreversible oder langzeitige Schäden, die mit steigender globaler Erwärmung zunehmen: das Verschwinden der alpinen Gletscher und ganzer Inselstaaten, das Ansteigen des Meeresspiegels, das wachsende Risiko, dass wir einen globalen Klimakipppunkt erreichen. Letzteres würde bedeuten, dass wir künftig rasche und abrupte Änderungen im Klimasystem erleben würden, die wir kaum vorhersagen könnten. Aber auch wenn wir solche Kipppunkte nicht erreichen würden, ist die Lage sehr ernst: Eine so hohe globale Erwärmung wie die jetzige haben wir in den letzten 100'000 Jahren auf der Erde nie gehabt – die gesamte menschliche Zivilisation hat sich unter tieferen Temperaturen entwickelt.

Ein Temperaturanstieg von 1.5 °C mag nicht nach viel klingen. Aber stellen wir uns vor, was das für die Gesundheit heisst: Wir haben bereits 1.1 bis 1.2 °C globale Erwärmung erreicht. Im menschlichen Körper (38.1–38.2 °C) würde das schon anzeigen, dass wir eine Krankheit haben. Das Limit von 1.5 °C macht Sinn: Mit 38.5 °C Fieber hat man Symptome, aber es ist noch erträglich. Wir wissen jedoch, dass es uns mit 2 °C Fieber (39 °C) sehr schlecht gehen würde. Und falls wir weiterhin fossile Energieträger verbrennen wie bisher, könnten wir bis zu 4 oder 5 °C «Erden-Fieber» erleben – im menschlichen Körper entspräche dies 41 bis 42 °C, was für viele den Tod bedeuten würde.

Wir haben das Klimasystem schon heute ins Ungleichgewicht gebracht. Es geht darum, ob wir die Bedingungen doch noch auf einem erträglichen Niveau stabilisieren können (z. B. 1.5 °C). Ein Zurück auf eine Erde ohne Fieber gibt es aber nicht: Das überschüssige CO_2 bleibt mehrere hundert bis tausend Jahre in der Atmosphäre. Es wird das Leben unserer Kinder, Enkel und Urenkel bestimmen.

Sind wir von diesem von uns verursachten Klimawandel in der Schweiz betroffen? Leider ja. Die Erwärmung in der Schweiz ist sogar besonders ausgeprägt, bisher hat sie das Doppelte der globalen Erwärmung betragen. Wir haben nämlich schon 2.5 °C mittlere Erwärmung in der Schweiz[10] erlebt, während die globale Mitteltemperatur um 1,1 bis 1.2 °C zugenommen hat. Ausserdem ist die Schweiz von vielfältigen Auswirkungen der menschenverursachten Klimastörung betroffen. Hier nehmen nicht nur Hitzewellen als Folge des ansteigenden atmosphärischen CO_2 zu, sondern auch Starkniederschläge, Trockenheit, Gletscherschmelze und Berghanginstabilität. Wir werden die Grenzen der Anpassungen auch hier erreichen.

Ist es zu spät für Klimasicherheit? Dies ist die falsche Frage. Die Klimakrise verschärft sich jedes Jahr weiter. Aber wenn wir alles unternehmen, um die globale Erwärmung auf ca. 1.5 °C zu begrenzen – was für die Schweiz beim jetzigen Kurs etwa 3 °C lokale Erwärmung bedeuten könnte –, haben wir noch eine Chance, diese Krise zu stabilisieren und auf eine störende, aber nicht zerstörende chronische (und selbstverschuldete) Krankheit zu reduzieren. Dafür müssen wir den Verbrauch von Erdöl, Gas und Kohle bis 2030 mindestens halbieren. Konkret heisst das: keine Verbrennungsmotoren und keine Heizungen mit fossilen Energieträgern mehr; das sind die Bereiche, in denen wir schnell CO_2-Emissionen reduzieren können, da es Alternativen gibt. Ob wir es schaffen? Das hängt von uns allen ab. Und vergessen wir nicht: Auch 1.6 °C sind besser als 2 °C, da jedes Zehntelgrad zählt. Die wichtigste Botschaft lautet: Jede vermiedene CO_2-Emission bedeutet eine geringere Zunahme der globalen Erwärmung – jede Bemühung lohnt sich.

Änderungen in Hitze-
extremen (oben) und
Starkniederschlägen
(unten) als Folgen
der globalen Erwär-
mung. [Quelle: IPCC,
6. Sachstands-
bericht der Arbeits-
gruppe 1, Zusammen-
fassung für Ent-
scheidungsträger[6],
basierend auf
Kapitel 11[7]]

Heisse Temperaturextreme über Land (10-Jahres-Ereignis)
Häufigkeit und Zunahme der Intensität von extremen Temperaturereignissen, die **in einem Klima ohne
menschlichen Einfluss** durchschnittlich **einmal in 10 Jahren** auftreten.

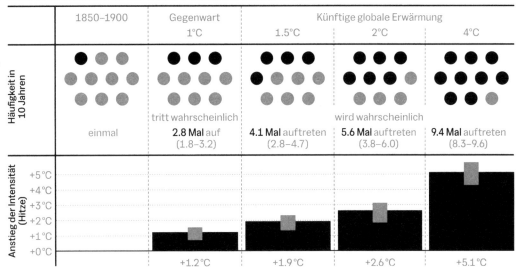

Starke Niederschläge über Land (10-Jahres-Ereignis)
Häufigkeit und Zunahme der Intensität schwerer 1-Tages-Niederschlagsereignisse, die **in einem Klima ohne
menschlichen Einfluss** durchschnittlich **einmal in 10 Jahren** auftreten.

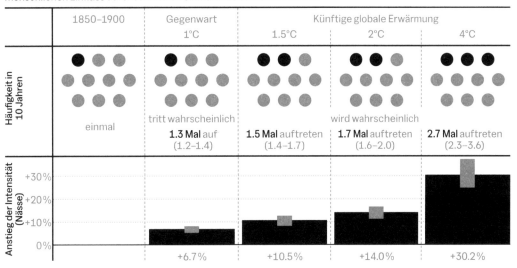

1   Das Abkommen ist abrufbar unter: https://unfccc.int/resource/docs/2015/cop21/eng/
l09r01.pdf (zuletzt abgerufen 31.5.2023).
2   Der Bericht ist abrufbar unter: https://www.ipcc.ch/sr15/ (zuletzt abgerufen 5.4.2023).
3   IPCC: «Climate Change 2023: Synthesis Report», https://www.ipcc.ch/report/ar6/syr/
downloads/report/IPCC_AR6_SYR_SPM.pdf (zuletzt abgerufen 19.6.2023).
4   Der Beschluss ist abrufbar unter: https://unfccc.int/sites/default/files/resource/cma3_
auv_2_cover%20decision.pdf (zuletzt abgerufen 31.5.2023).
5   Siehe Fussnoten 2 und 3.
6   IPCC: «Summary for Policymakers», in: *Climate Change 2021: The Physical Science Basis.
Contribution of Working Group I to the Sixth Assessment Report of the Intergovernmental Panel on
Climate Change*, mit Beiträgen von V. Masson-Delmotte et al., Cambridge, UK und New York, USA:
Cambridge University Press, 2021, S. 3–32, https://www.ipcc.ch/report/ar6/wg1/downloads/report/
IPCC_AR6_WGI_SPM.pdf, doi:10.1017/9781009157896.001.
7   S. I. Seneviratne et al.: «Weather and Climate Extreme Events in a Changing Climate», in:
*Climate Change 2021: The Physical Science Basis. Contribution of Working Group I to the Sixth Assessment
Report of the Intergovernmental Panel on Climate Change*, mit Beiträgen von V. Masson-Delmotte et
al., Cambridge University Press, Cambridge, UK und New York, USA: Cambridge University Press, 2021,
S. 1513–1766, abrufbar unter: https://www.ipcc.ch/report/ar6/wg1/downloads/report/IPCC_AR6_
WGI_Chapter11.pdf (zuletzt abgerufen 31.5.2023).
8   IPCC: «Summary for Policymakers», in: *Climate Change 2022: Impacts, Adaptation and
Vulnerability. Contribution of Working Group II to the Sixth Assessment Report of the Intergovernmental
Panel on Climate Change*, mit Beiträgen von H.-O. Pörtner et al., Cambridge University Press, Cambridge,
UK und New York, USA, 2021, S. 3–33, https://www.ipcc.ch/report/ar6/wg2/downloads/report/IPCC_
AR6_WGII_SummaryForPolicymakers.pdf, doi:10.1017/9781009325844.001.
9   A. M. Vicedo-Cabrera et al.: «The Burden of Heat-related Mortality Attributable to Recent
Human-induced Climate Change», in: *Nature Climate Change*, 11, 2021, S. 492–500, https://www.
nature.com/articles/s41558-021-01058-x (zuletzt abgerufen 5.4.2023).
10   Vgl. zum Überblick Website des Bundesamts für Meteorologie und Klimatologie
(MeteoSchweiz): abrufbar unter: https://www.meteoschweiz.admin.ch/klima/klimawandel.html
(zuletzt abgerufen 31.5.2023).

Forts. auf S. 49

«Von meinem Stubenfenster sehe ich täglich, wie die Eisdecke des Morteratschglet- schers schmilzt.»

Interview S. 182

«Immer mehr Parlamentarier machen hauptberuflich Politik.»

Interview S.194

«Als Hobbygärtner kämpfe ich mit den immer längeren Hitzeperioden.»

Interview S. 212

Das Problem

Wissen ist Macht – aber bei gewissen Themen führt Wissen offenbar zu Ohnmacht.

Wir hören und lesen täglich von filmreif apokalyptischen Szenarien des Klimawandels und stellen ernüchtert fest, dass sie auf harten wissenschaftlichen Erkenntnissen beruhen.

Die Hoffnung, dass die Politik rechtzeitig handelt, haben wir insgeheim aufgegeben. Wir hören routiniert weg. Egal, ob die Botschaft als emotionaler Appell daherkommt («We are on a highway to climate hell», UNO-Generalsekretär Guterres) oder als nüchterner wissenschaftlicher Befund («Half measures are no longer an option», Weltklimarat) oder als Mahnung aus Kreisen, denen nervöser Aktivismus grundsätzlich fremd ist («Why Tackling Global Warming Is a Challenge Without Precedent», *The Economist*).

Wir wollen es offenbar nicht wissen. Wir klammern uns an die Hoffnung, der technische Fortschritt werde es schon noch rechtzeitig richten; wir tummeln uns in eskapistischen Parallelwelten oder pflegen die stille Resignation – während junge Aktivistinnen und Aktivisten sich an Strassen oder Bildern festkleben, mit politisch umstrittener Wirkung. Am anderen Ende des politischen Spektrums lassen sich einige nicht ganz ungern von Klimaleugnerinnen und -leugnern verunsichern.

Wissen ist Ohnmacht. Ausser wir erleben die klimatischen Veränderungen ganz konkret selbst, zum Beispiel bei einer Wanderung zur Zunge des Aletschgletschers. Dort können wir in Echtzeit beobachten, was Lösungsunfähigkeit in der Klimapolitik bedeutet. An heissen Sommertagen verliert der Aletschgletscher bis 20 Zentimeter an Höhe.[4] Wer das mit eigenen Augen sieht, ist berührt und beunruhigt – und will etwas tun, um das drohende Desaster doch noch zu verhindern.

Die Gletscher der Alpen sind heute noch etwa zwei Drittel so massiv und halb so gross wie vor dem industriellen Zeitalter.[5] In kaum einem anderen Bereich der Wissenschaft ist die Evidenz so überwältigend klar, wie in der Forschung zur Existenz und den Ursachen des Klimawandels.[6] Wir stossen seit der Industrialisierung massiv Treibhausgase in die Atmosphäre aus – vor allem CO_2, durch die Verbrennung fossiler Energieträger. Die Treibhausgasemissionen haben einen tiefgreifenden Einfluss auf die Erwärmung des Klimas – was unter anderem Gletscher schmelzen und Meeresspiegel ansteigen lässt.

Politisch ist man sich zumindest auf dem Papier einig unter den 195 Vertragsparteien, die das Pariser Klimaabkommen unterzeichnet haben: Das müssen wir dringend korrigieren. Um das Pariser Limit von 1.5 °C einzuhalten, müssen wir die CO_2-Emissionen bis 2030 halbieren und bis spätestens 2040 bis 2050 unter dem Strich keine Treibhausgase mehr ausstossen.[7] Die Klimakonferenz COP 27 vom November 2022 hat die Pariser Ziele bestätigt – also lediglich wiederholt, ohne wirklich wirksame zusätzliche Massnahmen zu beschliessen. Einzig der schrittweise Ausstieg aus der Kohle wurde bekräftigt, bei Gas und Öl hingegen gelang kein Durchbruch.

Was wissenschaftlich belegt ist, weiss man eigentlich auch in der Politik: Wir müssen jetzt handeln und die globalen Treibhausgasemissionen massiv senken, um spätere, gravierende Folgen abzuwenden. Konkret müssen Politik, Gesellschaft und Wirtschaft dafür sorgen, dass die Erderwärmung im Vergleich zur vorindustriellen Zeit deutlich unter zwei Grad Celsius bleibt.

Die Schweiz ist leider kein Sonderfall

Die Schweiz reiht sich dabei in die «wall of shame» sämtlicher Vertragsstaaten ein: Kaum einer ist auf dem Pfad einer adäquaten Umsetzung der Ziele des Pariser Klimaabkommens.

Wie alle anderen Demokratien – von autoritär regierten Staaten ganz zu schweigen – scheitern wir in der Schweiz an der Bewältigung der Klimakrise. Wir leisten unseren Beitrag an eine lebenswerte Zukunft nicht.

Nach uns kommt vielleicht nicht die Sintflut, aber ganz sicher die Flut – sowie extreme Trockenheit und Hitzewellen.

Neben dieser grössten Herausforderung der Gegenwart bleiben auch weitere drängende politische Probleme ungelöst: eine zukunftsfähige Europa-, Sicherheits-, Energie- und Migrationspolitik. Eine nachhaltige Finanzierung der Altersvorsorge. Die Beseitigung zahlreicher Fehlanreize in der Gesundheitsversorgung. Die verstörende Ungleichheit. Das Wohnen als soziale Frage des 21. Jahrhunderts ...

Die Liste ist nicht abgeschlossen.

Die Jungen wenden sich ab

Demokratien garantieren den Bürgerinnen und Bürgern Grundrechte und politische Mitsprache. Sie gehen Probleme offener und kreativer an als autoritär erstarrte Systeme, die kaum lernfähig sind und selbst evidente Probleme weder anerkennen noch lösen – sondern stattdessen diejenigen bedrohen, die es wagen, sie zu thematisieren.

Und trotzdem: Selbst die demokratische und wohlhabende Schweiz ist oft nicht in der Lage, die drängenden Probleme der Gegenwart wirklich Erfolg versprechend anzugehen. Regierung und Parlament beziehen die Interessen künftiger Generationen nicht angemessen in ihre Entscheidungen mit ein. Gerade in der Umweltpolitik, wo die Auswirkungen der Massnahmen, die wir heute beschliessen, erst später spürbar sind, gelangt unser System an seine Grenzen. Die Kosten für dieses strukturelle Politikversagen werden von Tag zu Tag grösser.

Dazu kommt, dass die Politik seit einiger Zeit tiefgreifende Veränderungen erfährt, die lösungsorientierte Debatten erschweren und die Demokratie schleichend zu delegitimieren drohen. Die traditionelle Parteipolitik befindet sich europaweit in der Krise; Volksparteien sind in den vergangenen Jahren vielerorts erodiert. Besonders eindrücklich ist die Situation in Frankreich, wo sowohl die konservativen Republikaner als auch die sozialistische Partei, die das Land während Jahrzehnten alternierend regiert haben, in der Bedeutungslosigkeit verschwunden sind.

Populistische und wissenschaftsfeindliche Kräfte erfahren währenddessen in zahlreichen westlichen Ländern grossen Aufwind, weil gesellschaftliche und wirtschaftliche Probleme beschönigt oder ignoriert werden.

Vor allem jüngere Menschen, für die der Klimawandel das «Thema Nummer eins» ist, können sich künftig ein Engagement in der Politik immer weniger vorstellen.[8] Sie fühlen sich von der Boomer-Generation und der Generation X kaum repräsentiert, die ihr Weltbild in der stabilen und in der Regel wirtschaftlich florierenden Nachkriegszeit gebildet haben.

Demokratie als Geschäftsmodell?

Der Graben zwischen politischen Parteien und Bevölkerung wächst. Politik ist für viele zum Beruf geworden, ob in Vollzeit oder Teilzeit. Das Milizsystem, das Lebensrealität und politische Prozesse lange Zeit verklammert hat und zu Recht als grosse Stärke der Schweiz beschworen wurde, scheint zumindest auf nationaler Ebene passé. Die Politik scheint zum Geschäftsmodell zu werden.[9]

Den Eintritt in dieses Berufsleben gewähren die Parteien. Sie sind die Gatekeeper, sie entscheiden über Einlass oder Abweisung in die politische «Elite». Das macht die innerparteiliche Dissidenz, die es für Kompromisse braucht, potenziell sehr teuer; man überlegt es sich heute zweimal, ob man das eigene Lager irritieren will.

Das eigentlich konsensorientierte Schweizer Politsystem hat sich in den letzten Jahrzehnten tiefgreifend verändert. Politikerinnen und Politiker sind permanent auf die eigene Wiederwahl fokussiert. Sie haben etliche Ausmarchungen, auch parteiinterne, zu gewinnen. Damit sie wiedergewählt werden, müssen sie der breiten Öffentlichkeit bekannt sein und den Wählerinnen und Wählern möglichst schnell Erfolge präsentieren können. Nach der Wahl ist vor der Wahl.

Die sozialen Medien beeinflussen dabei zunehmend die Art und Weise des Politisierens. Die sich stets verkürzende Aufmerksamkeitsspanne zeitigt Folgen: Konstruktive politische Diskussionen werden erschwert; der ergebnisoffene Austausch von Argumenten findet kaum mehr statt; Probleme werden immer häufiger nicht wegen ihrer Relevanz oder Dringlichkeit auf die politische Agenda gesetzt, sondern im Hinblick auf ihr (partei-)politisches Bewirtschaftungspotenzial.

Forts. auf S. 54

Social-Media-Plattformen

Es ist in den vergangenen Jahren einfacher geworden, mit grossen Reichweiten Unsinn, Klatsch und Verleumdungen zu streuen. Die neuen digitalen Plattformen filtern die Einschüchterung, das Blossstellen und Erniedrigen der Rivalin und des Rivalen nicht heraus, wie dies bei Printmedien oder dem öffentlichen Rundfunk die Regel ist. Vielmehr belohnen die Plattformen polarisierende Attacken mit exponenzieller Aufmerksamkeit. Dass dies für die Demokratie nicht förderlich ist, versteht sich von selbst.[1]

Das Dilemma der sozialen Medien ist seit vielen Jahren wohlbekannt – einerseits erlauben sie nahezu allen, sich selbst in demokratische Diskurse einzubringen, den Einfluss übermächtiger Medienhäuser zu mässigen und zu relativieren; in autokratischen Staaten und Diktaturen stärken soziale Medien Kontakte zwischen kritisch gesinnten Bürgerinnen und Bürgern. Andererseits machen Übertreibungen, Zuspitzungen und Diffamierungen der digitalen Plattformen den konstruktiven Dialog unmöglich – sensationsheischende Kurznachrichten unterminieren den Prozess der öffentlichen Meinungsbildung.

In den Vereinigten Staaten werden empirisch zu testende Fragen hierzu formuliert: etwa, ob die Online-Technologie Echokammern kreiere, ob die neue Technologie die Gesellschaft polarisiere oder ob sie die Gewaltbereitschaft erhöhe. Die Amerikaner Jonathan Haidt und Chris Bail ordnen in einer zeitlich unbegrenzten Studie laufend veröffentlichte Arbeiten mittels solcher Forschungsfragen.[2] So stellt sich selbstverständlich auch die Frage nach der Kausalität: Ist die gesellschaftliche Polarisierung das Resultat digitaler Technologien oder eine Zeiterscheinung, die sich digitale Technologien zunutze macht?[3] So oder anders herum: die Qualität demokratischer Prozesse leidet allemal.

Jürgen Habermas bezweifelt, dass im Umfeld von Filter-Bubbles, Angst schürenden Kurznachrichten und Online-Radikalisierungen die sachlichen Argumente noch gehört werden. Darüber hat er ein für seine Verhältnisse schmales Büchlein geschrieben mit dem Titel *Ein neuer Strukturwandel der Öffentlichkeit und die deliberative Politik*.[4]

Fazit: Das Deliberieren – also das Beurteilen und Beratschlagen, Bedenken und Betrachten sachlicher Argumente – ist eine Grundvoraussetzung für das Funktionieren der Demokratie.

Ob die Social-Media-Plattformen ihrer demokratiepolitischen Verantwortung künftig wirklich stärker gerecht werden, ist fraglich. Würden sie beginnen, Inhalte redaktionell zu prüfen und zu filtern, wären sie ja keine One-to-One-Plattformen mehr. Gewiss scheint hingegen, dass funktionierende Demokratien den Prozess der öffentlichen Meinungsbildung in Zukunft mittels neuer Institutionen sicherstellen müssen.[5]

1 Lea Stahel, Sebastian Weingartner, Katharina Lobinger, Dirk Baier: *Digitale Hassrede in der Schweiz: Ausmass und sozialstrukturelle Einflussfaktoren*, Universität Zürich (UZH), Università della Svizzera italiana (USI), Zürcher Hochschule für Angewandte Wissenschaften (ZHAW), 2022; Aleksandra Urman, Stefan Katz: *Ein Überblick über die politischen Telegram-Communities in der Schweiz und ihre Rolle bei der Verbreitung von Toxic Speech*, Universität Zürich (UZH), Bundesamt für Kommunikation, 2022; Jonathan Haidt: «Why the Past 10 Years of American Life Have Been Uniquely Stupid», in: *The Atlantic*, Mai 2022.
2 Jonathan Haidt, Christopher Bail: *Social Media and Political Dysfunction: A Collaborative Review*, Open Source Review, 2022.
3 Gideon Lewis-Kraus: «How Harmful Is Social Media», in: *The New Yorker*, Juni 2022.
4 Jürgen Habermas: *Ein neuer Strukturwandel der Öffentlichkeit und die deliberative Politik*, Berlin: Suhrkamp, 2022.
5 Georg Diez: «Schuld ist immer das Internet», in: *Die Zeit*, Nr. 43/2022.

Forts. von S. 53

Der Dauer-Kampagnenmodus macht es schwierig, mehrheitsfähige Lösungen zu erarbeiten. Kompromisse werden als Zeichen von Schwäche gewertet – nicht als Voraussetzung einer vernunftgeleiteten Verhandlung des Gemeinwohls. So positionieren sich die beiden grössten Parteigruppierungen der Schweiz, die Links-Grünen und die Schweizerische Volkspartei, am jeweils äussersten Rand ihres politischen Spektrums.[10]

Parteipolitische Radikalität gilt nicht als realitätsfremd, sondern als moralisch erhaben. Provokationen, die häufig einfach mehr oder weniger subtile Tabubrüche sind, werden durch mediale Aufmerksamkeit belohnt und als geistreiche Interventionen gepriesen – Aufrufe zum Kompromiss hingegen durch gähnendes Desinteresse bestraft. Der Respekt vor dem politischen Gegner sinkt, gegenseitige Anfeindungen nehmen zu. Die Qualität der politischen Debatte leidet.

Auch im viel gelobten Schweizer System, das auf Konkordanz und Konsens gebaut ist, sind wir also nicht geschützt gegen die politischen Erosionserscheinungen der heutigen Zeit. Die Polarisierung nimmt weiter zu, denn in der «Klickokratie» hängen nicht nur die Jobs der Politikerinnen und Politiker an der optimierten Aufmerksamkeit, sondern auch jene der Medienschaffenden.

Die überwiegende Mehrheit der Wählerinnen und Wähler – selbst jene der Polparteien – verortet sich indes nicht an den Rändern, sondern in der breiten Mitte.[11] Sie machen die Polarisierung schlicht nicht mit. Die Schweizer Bevölkerung empfindet die Lösungsunfähigkeit und Polarisierung denn auch nicht nur als zunehmend mühsam, sondern auch als gefährlich und systemfremd. Die Politik ist nicht mehr in der Lage oder vielleicht gar nicht mehr willens, mehrheitsfähige Vorlagen auszuarbeiten.[12]

Unsere demokratischen Institutionen brauchen eine gewisse Konsens- und Kompromissfähigkeit, damit mehrheitsfähige Vorlagen und nachhaltige Lösungen möglich werden. Sonst entfernt sich das politische System in einer Art Blindflug schnell von den gesellschaftlichen Realitäten. Es registriert, weil es sich der Nabelschau verschrieben hat, die tektonischen Veränderungen zu wenig und ist deshalb den grossen Herausforderungen der Zeit nicht mehr gewachsen.

Fehlende Lebensrealitäten

Das Verhältnis der Politik zur Bevölkerung wird durch diese Veränderungen angespannter. Wenn aus aufmerksamkeitsökonomischen und parteistrategischen Gründen an der Bevölkerung vorbei politisiert wird, führt das unweigerlich dazu, dass die Vertreterinnen und Vertreter der institutionellen Politik als ahnungslose, abgehobene Elite wahrgenommen werden.[13]

Hinzu kommt, dass die Vielfalt der Schweizer Gesellschaft im nationalen Parlament und in der Regierung schlecht abgebildet ist. In Bern sitzen weiterhin zu wenig Frauen, immer noch zu wenig Junge und viel zu wenige, die ihre Schul- und Ausbildungszeit mit der Berufslehre abgeschlossen haben. Unterrepräsentiert sind auch die Schweizerinnen und Schweizer mit einem Migrationshintergrund – denn 81 Prozent der ständigen Wohnbevölkerung ab 18 Jahren mit Schweizer Staatsangehörigkeit haben bereits seit Geburt einen Schweizer Pass.[14] Dem gegenüber stehen 19 Prozent Eingebürgerte. Aber die Vereinigte Bundesversammlung repräsentiert auch nicht annähernd diesen gewichtigen Bevölkerungsanteil. Politikerinnen und Politiker wie Sibel Arslan, Mustafa Atici, Angelo Barrile, Judith Bellaiche, Yvette Estermann, Claudia Friedl oder Ada Marra bleiben Ausnahmen.[15]

Forts. auf S. 58

Repräsentation

Die 18- bis 29-Jährigen erreichen in der Vereinigten Bundesversammlung mit Samira Marti und Andri Silberschmidt einen Anteil von knapp 1 Prozent der Parlamentssitze, während der Anteil ihrer Altersgruppe 17 Prozent der stimmberechtigten Wohnbevölkerung beträgt. Eine – etwas moderatere – Verzerrung findet sich auch am anderen Ende des Altersspektrums: Die über 65-Jährigen sind mit 9 Prozent der Parlamentssitze in Bern vertreten, sie machen jedoch 26 Prozent der Wohnbevölkerung aus.[1]

Der viel diskutierte Gendergap ist ebenso kein leeres Gerede: Im Parlament sitzen 83 Nationalrätinnen und 13 Ständerätinnen. Bei einem Wohnbevölkerungsanteil von 51.8 Prozent aller stimmberechtigten Schweizer Frauen müssten im Nationalrat 21 Frauen mehr und im Ständerat 11 Frauen mehr politisieren.[2]

Über einen nachobligatorischen Ausbildungsabschluss auf Sekundärstufe II verfügen in der Schweiz 48 Prozent aller Stimmberechtigten; 14 Prozent haben keine nachobligatorische Ausbildung, insgesamt sind das über 60 Prozent. In der Vereinigten Bundesversammlung gehören jedoch nur 12 Prozent dieser Gruppe an. Mit anderen Worten: Statt repräsentativer 38 Prozent haben 88 Prozent aller Parlamentarierinnen und Parlamentarier einen Ausbildungsabschluss auf Tertiärstufe – 76 Prozent eine Hochschulausbildung und 12 Prozent eine höhere Berufsbildung.[3]

Aber, wird jetzt vermutlich eingewendet, es ist doch das Wesen der parlamentarischen Demokratie, dass sich die Wählerinnen und Wähler von Abgeordneten vertreten lassen, die sich für viele Anliegen einsetzen können, auch für solche, die nicht ihren persönlichen Interessen entsprächen. Wer über etwas Empathie verfüge, so das Argument, müsse die Lebensrealitäten der weniger Privilegierten nicht zwingend selbst kennen. Dieser Gedanke ist nicht neu: So hat der Adel seine Stellung im anbrechenden bürgerlichen Zeitalter zu legitimieren versucht, so haben die Wohlhabenden das Zensus-Wahlrecht verteidigt, so wurde der Widerstand gegen das Frauenstimmrecht begründet.

Es soll hier gar nicht infrage gestellt werden, dass Akademikerinnen und Akademiker grundsätzlich in der Lage und in der Regel auch willens sind, sich für die Interessen von Coiffeuren, Pflegefachfrauen oder Arbeitern einzusetzen. Oder dass die 30- bis 64-Jährigen sich sporadisch bemühen, die Anliegen der Jugend in den parlamentarischen Prozess einzubringen. Oder dass Männer sich für feministische Positionen engagieren können.

Die Frage ist eine andere – und zwar, ob sich Arbeiterinnen von Akademikern, Jugendliche von 50-Jährigen oder Frauen von Männern repräsentiert sehen möchten. Oder Landbewohnerinnen und Landbewohner von Städtern. Derzeit müssten sie das, denn gemessen an der Relation der stimmberechtigten Wohnbevölkerung besetzen Politikerinnen und Politiker aus städtischen Gebieten gut 15 Parlamentssitze und aus grossen Kernstädten sogar 20 Parlamentssitze zu viel.[4]

Die mangelnde Repräsentation oder, etwas härter formuliert, den De-facto-Ausschluss stimmberechtigter Bevölkerungsgruppen von der parlamentarischen Arbeit hätten die Gatekeeper, also die politischen Parteien, längst korrigieren können. Tun sie es weiterhin nicht, bietet das Losverfahren eine griffige Alternative.

Das Problem

Vergleich zwischen stimmberechtigter Wohnbevölkerung (■) und Mitgliedern der Vereinigten Bundesversammlung (■) nach verschiedenen Kriterien. [Quelle: Vgl. Erläuterungen 1–4]

Altersstufen

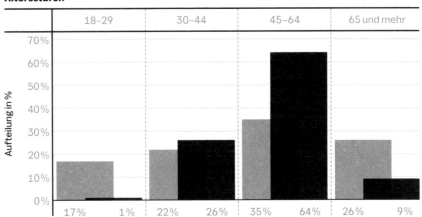

	18–29	30–44	45–64	65 und mehr
	17%	1%	22%	26%	35%	64%	26%	9%

Kernstadt mit Grossagglomeration

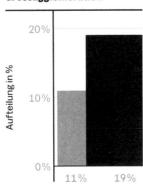

11%   19%

Eingebürgert

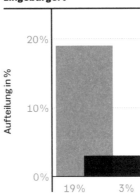

19%   3%

Stadt und Land

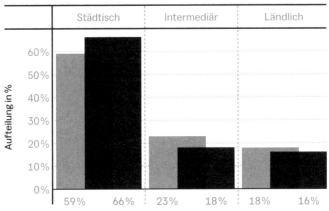

Städtisch	Intermediär	Ländlich
59%	66%	23%	18%	18%	16%

■ Städtisch
■ Intermediär
■ Ländlich

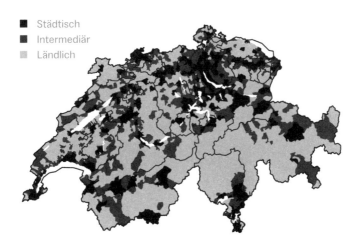

Geschlecht

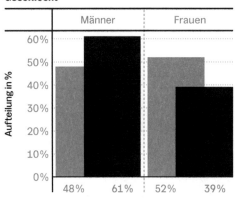

Ausbildung

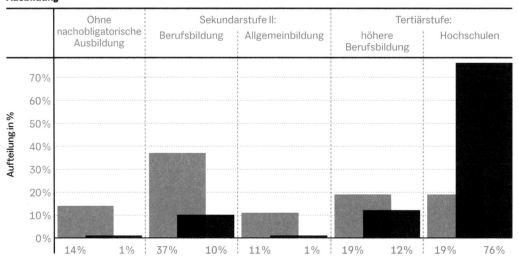

1 Auskunft Bundesamt für Statistik: Ständige Wohnbevölkerung ab 18 Jahren mit Schweizer Staatsangehörigkeit in Privathaushalten nach Haushaltstyp und ausgewählten Merkmalen (d.h. ohne Auslandschweizerinnen und Auslandschweizer), 2020; Bundesamt für Statistik: *Zahlen zu den Ratsmitgliedern*, Stand Dezember 2022.
2 Bundesamt für Statistik: *Zahlen zu den Ratsmitgliedern*, Stand Dezember 2022.
3 Bundesamt für Statistik: *Biografie der Ratsmitglieder*, Stand Dezember 2022 (zusätzliche Recherche, falls statistische Angaben fehlen – geringe Ungenauigkeit möglich infolge allg. zugänglicher Informationen zu Ausbildung oder familiärer Herkunft).
4 Auskunft Bundesamt für Statistik: Wohngemeinden der NR-Kandidierenden, 2019; Bundesamt für Statistik: *Biografie der Ratsmitglieder*, Stand Dezember 2022 (zusätzliche Recherche, falls statistische Angaben fehlen); Auskunft Bundesamt für Statistik: Gemeindetypologie – städtisch, intermediär und ländlich, 2022.

Forts. von S. 56

Die mangelnde Repräsentativität ist ein politisches Problem, denn es geht um Lebensrealitäten und Erfahrungen, die im Parlament fehlen oder kaum vorhanden sind.

Es gibt zum Beispiel – ein eigentlicher «blinder Fleck» – auch viel zu wenig Introvertierte in der Politik, die gemäss zahlreicher Studien[16] keineswegs weniger gute Entscheidungen treffen als ihre jovialen Mitmenschen, die es vor jede Kamera und jedes Mikrofon drängt. Die Introvertierten machen einen beträchtlichen Prozentsatz der Bevölkerung aus, der in keinem Parlament und keiner Regierung zu finden ist und dessen politisches Potenzial brachliegt. Und nebenbei gelänge es ihnen vielleicht auch, die Politik etwas mehr zu versachlichen und weniger zu personalisieren.

Beunruhigend ist die schleichende Professionalisierung der Schweizer Politik auch in Anbetracht der Tatsache, wie leicht sich politischer Einfluss hierzulande monetarisieren lässt, sei es durch Mandate von Interessengruppen, sei es durch Mitgliedschaft in Verwaltungsräten.

Das schafft aber im Gegenzug Abhängigkeiten. Ungebremster Lobbyismus führt in der Regel nicht zu Entscheidungen, die im Interesse des Gemeinwohls sind – oder im Interesse künftiger Generationen.

Alle diese Entwicklungen tragen dazu bei, dass unser Parlament aktuell nicht mit dem Gestaltungswillen ausgestattet ist, um eine langfristige Umweltpolitik für die kommenden Generationen zu machen.

Was der Begründer der vergleichenden Politikwissenschaft, Alexis de Tocqueville, bereits vor mehr als 150 Jahren vorhersah, ist heute auch in der Schweiz ernüchternde Realität: Politikerinnen und Politiker sind vor allem an der eigenen Position interessiert und damit an den Forderungen der Tagespolitik. Die Anliegen künftiger Generationen verblassen.[17]

Die Frage ist, ob es gegen die Zukunftsvergessenheit der Politik und die ideologischen Verhärtungen ein Korrektiv gibt. Ja, das gibt es. Irland hat in einer hochgradig ideologisierten Situation – etwa auch um das Abtreibungsverbot – eine Citizens' Assembly eingesetzt. Mit verblüffendem Resultat: Der von diesem neuen Gremium ausgearbeiteten Verfassungsänderung stimmte die Mehrheit der Bevölkerung des katholischen Landes zu. Es war die Citizens' Assembly, welche die Debatte zu deblockieren vermochte.

Könnte ein solches Modell auch in der Schweiz dabei helfen, die lähmende Ideologisierung zu überwinden?

Forts. auf S. 67

«Wut ist das falsche Wort; Unverständnis trifft es besser.»

Interview S.185

«Am meisten stören mich die politischen Parteien, die vor allem an ihre eigene Anspruchsgruppe denken. Wegen dieser Egotrips sind viele gute Lösungen nicht möglich.»

Interview S.164

«Es beschäftigt mich, dass die Demokratie so verhandelbar geworden ist.»

Interview S. 179

Der Vorschlag

Der irischen Citizens' Assembly liegt die Überlegung zugrunde, dass durch eine möglichst repräsentative und offene Debatte die politische Kultur und das langfristige Politikhandeln in der Demokratie gestärkt werden.

Forts. auf S. 69

Die irische Citizens' Assembly

Klaus Mathis
Ordentlicher Professor für Öffentliches Recht, Recht der nachhaltigen Wirtschaft und Rechtsphilosophie an der Universität Luzern

Elias Flavio Aliverti
Master of Law und wissenschaftlicher Assistent an der Universität Luzern

Bürger:innenräte sollen die Bürgerinnen und Bürger direkt in den politischen Prozess einbinden und in der Bevölkerung breit abgestützte und nachhaltige Lösungen entwickeln. Es stellt sich die Frage, ob und wie diese Ziele erreicht werden können. Zu diesem Zweck werden im Folgenden die Erfahrungen des Bürger:innenrates aus Irland vorgestellt und diskutiert.

Verfassungskonvent (2012-2014)

Im Jahr 2012 setzte das irische Parlament einen Verfassungskonvent ein. Dieser sollte zu zehn Themen Vorschläge für eine Verfassungsreform erarbeiten. Der Verfassungskonvent bestand aus 66 aus dem Wählerregister zufällig ausgewählten Bürgerinnen und Bürgern, 33 Parlamentarierinnen und Parlamentariern aller Parteien und einem von der Regierung bestimmten Präsidenten. Unterstützt wurde der Verfassungskonvent von einem Sekretariat sowie Expertinnen und Experten aus der Wissenschaft. Die Beschlüsse des Verfassungskonvents wurden Ende März 2014 der irischen Regierung vorgelegt.[1] Die Regierung war verpflichtet, innerhalb von vier Monaten vor dem Parlament zu den Beschlüssen Stellung zu nehmen – sie war jedoch nicht an die Beschlüsse des Verfassungskonvents gebunden. In der Folge wurden drei vorgeschlagene Verfassungsänderungen der Bevölkerung zur Abstimmung vorgelegt, davon wurden zwei Vorschläge angenommen, u.a. die Einführung der Ehe für alle.

Citizens' Assembly (2016-2018)

Auf den Verfassungskonvent folgte eine sogenannte Citizens' Assembly in den Jahren 2016 bis 2018. Die Citizens' Assembly sollte Vorschläge zu fünf Fragen ausarbeiten. Anders als beim Verfassungskonvent waren unter den 100 Mitgliedern der Citizens' Assembly jedoch keine Politikerinnen und

Politiker mehr vertreten. Die Zusammensetzung der Mitglieder sollte die irische Bevölkerung in Bezug auf Geschlecht, Alter, soziale Klasse und Wohnort widerspiegeln. Um die Unabhängigkeit der Mitglieder zu gewährleisten, wurden die Mitglieder durch ein Losverfahren bestimmt. Einzig der Präsident wurde durch die Regierung gewählt.[2]

Zu Beginn wählte die Citizens' Assembly einen Planungsausschuss (*steering group*) aus seinen Mitgliedern, der den Sitzungs- und Themenplan festlegte. Die Citizens' Assembly traf sich hierauf an durchschnittlich einem Wochenende pro Monat. Die Sitzungen fanden in wechselnden Kleingruppen à sieben bis acht Mitgliedern statt und wurden von einer Person moderiert. Expertinnen und Experten führten die Mitglieder in die Themen ein und stellten Informationen zur Verfügung. Darüber hinaus konnten die Mitglieder auch Interessengruppen und Privatpersonen anhören.

Interessant sind bei der Citizens' Assembly zwei Aspekte: Erstens mussten von den 99 Start-Mitgliedern im Laufe der Citizens' Assembly 53 Mitglieder nachnominiert werden. Ein Grund hierfür war, dass nur die Spesen vergütet wurden. Ein Honorar als finanzieller Anreiz hätte die Beteiligung und damit die Diversität erhöhen können. Denn gerade Mitglieder aus unsicheren finanziellen Verhältnissen konnten sich die unbezahlte Teilnahme oft nicht leisten. Zweitens war der Zeitbedarf über die Amtszeit von 18 Monaten zu hoch. Andererseits fokussierte sich die Citizens' Assembly stark auf eines seiner fünf Themen. Die Hälfte der Sitzungen und fast 90 Prozent der öffentlichen Eingaben beschäftigten sich mit der Liberalisierung des Abtreibungsrechts.[3]

Die irische Regierung musste zu den Empfehlungen Stellung nehmen, war aber nicht an diese gebunden. Weil sich die Citizens' Assembly mit der Übergabe ihrer Empfehlungen auflöste, konnte sie deren Umsetzung selbst nicht überprüfen. Viele Mitglieder äusserten deshalb die Sorge, dass Regierung und Parlament die Vorschläge nicht umsetzen würden. Tatsächlich wurde lediglich die Liberalisierung des Abtreibungsrechts dem Volk zur Abstimmung vorgelegt und von diesem mit 66 Prozent Zustimmung angenommen. Zu einem weiteren Thema wurde eine parlamentarische Kommission gebildet, während die Vorschläge zu den restlichen drei Themen zu keiner unmittelbaren Reaktion oder Veränderung führten.[4]

Citizens' Assembly zur *Gender Equality* (2019-2021)

Eine dritte Citizens' Assembly wurde 2019 zur Förderung der Geschlechtergerechtigkeit eingesetzt. Neu war, dass die Citizens' Assembly auf ein Thema beschränkt war.[5] Ausserdem wurde ihre Dauer auf sechs Monate verkürzt. Diese Dauer wurde jedoch aufgrund der Corona-Pandemie überschritten.

Auch bei dieser Citizens' Assembly mussten 37 von 99 Mitgliedern während des Verfahrens ersetzt werden. Da diese Mitgliederprobleme trotz Honorar, kurzer Amtszeit und Beschränkung auf ein Thema erneut auftraten, drängte sich die Vermutung auf, dass sie im Rekrutierungsprozess begründet waren. In Irland ging ein Marktforschungsinstitut von Tür zu Tür und stellte eine bezüglich Alter, Geschlecht und Wohnort repräsentative Gruppe zusammen. Aus dieser Gruppe wurden anschliessend die Mitglieder der Citizens' Assembly per Los bestimmt. In der Auswertung der Citizens' Assembly wurde vorgeschlagen, ein zweistufiges Losverfahren einzuführen. So könnte man sicherstellen, dass die Bürgerinnen und Bürger nur zur Auswahl stehen, wenn sie ihr Interesse an der Teilnahme explizit ausgedrückt haben.[6]

Institutionalisierung von Bürger:innenräten

Bei befristeten und themenspezifischen Bürger:innenräten üben Parlament oder Regierung mit der Übertragung des Mandats grossen Einfluss auf den Rat aus. Denn das Mandat ermöglicht es ihnen, die Dauer des Bürger:innenrats und dessen Beratungsgegenstand zu steuern. Ferner können Parlament oder Regierung auch darauf verzichten, einen (sinnvollen) Bürger:innenrat einzusetzen. Hier besteht die Gefahr, dass die Einsetzung oder Nicht-Einsetzung von Bürger:innenräten davon abhängt, ob ein solcher politisch opportun ist.[7] Ein institutionalisierter Bürger:innenrat wäre dagegen nicht von der Politik abhängig. Er würde sich im Auftrag sowie im Verfahren auf eine eigene gesetzliche Grundlage stützen. Demzufolge schlagen sowohl der kanadische Politikwissenschaftler Arash Abizadeh als auch die US-amerikanischen Politikwissenschaftler John Gastil und Erik Olin Wright die Schaffung einer institutionell verankerten und im Losverfahren besetzten Kammer zur Ergänzung der gewählten Parlamente vor.[8] Ihre Ansätze unterscheiden sich jedoch bezüglich der Befugnisse der neuen Kammer.

1   Die Empfehlungen des Verfassungskonvents finden sich im Annex D des neunten Reports des Konvents, abrufbar unter: https://www.constitutionalconvention.ie/AttachmentDownload.ashx?mid=55f2ba29-aab8-e311-a7ce-005056a32ee4 (zuletzt abgerufen 31.5.2023).

2   Eine Übersicht über die Themen, die Zusammensetzung und Kompetenzen der Citizens' Assemblies von 2016 bis 2018 findet sich unter: https://2016-2018.citizensassembly.ie/en/About-the-Citizens-Assembly/Background/ (zuletzt abgerufen 31.5.2023).

3   Farrell David M., Suiter Jane, Harris Clodagh: «‹Systematizing› constitutional deliberation: the 2016–18 citizens' assembly in Ireland», in: *Irish Political Studies*, Bd. 43/1, 2019, S. 113 ff.; siehe auch «The Citizens' Assembly, Report and Recommendations of the Citizens' Assembly. On the fourth and fifth topics», Dublin 2018, https://2016–2018.citizensassembly.ie/en/Manner-in-which-referenda-are-held/Final-Report-on-the-Manner-in-Which-Referenda-are-Held-and-Fixed-Term-Parliaments/Final-Report-on-

Manner-in-which-Referenda-are-Held-Fixed-Term-Parliaments.pdf (zuletzt abgerufen 23.2.2023), S. 81 ff.
4   Vgl. Devaney Laura, Torney Diarmuid, Brereton Pat, Coleman Martha: «Ireland's Citizens' Assembly on Climate Change: Lessons for Deliberative Public Engagement and Communication», in: Environmental Communication, Bd. 14/2, 2020, S. 142 ff.
5   Eine Übersicht über die Themen, die Zusammensetzung und Kompetenzen der Citizens' Assembly zur Gender Equality findet sich unter: https://citizensassembly.ie/wp-content/uploads/2023/02/report-of-the-citizens-assembly-on-gender-equality.pdf (zuletzt abgerufen 31.5.2023).
6   Suiter Jane, Park Kristy, Galligan Yvonne, Farrell David M.: «Evalutation Report of the Irish Citizens' Assembly on Gender Equality», Dublin 2021, S. 12, https://arrow.tudublin.ie/cgi/viewcontent.cgi?article=1041&context=aaschsslrep (zuletzt abgerufen 31.5.2023).
7   Setälä Maija: «Connecting Deliberative Mini-publics to Representative Decision Making», in: European Journal of Political Research, Bd. 56, 2017, S. 851.
8   Abizadeh Arash: «Representation, Bicameralism, Political Equality, and Sortition: Reconstituting the Second Chamber as a Randomly Selected Assembly», in: Perspectives on Politics, Bd. 19/3, 2021, S. 791 ff.; Gastil John, Wright Erik Olin: «Legislature by Lot: Envisioning Sortition within a Bicameral System», in: Politics & Society, Bd. 46/3, 2018, S. 303 ff.

Forts. von S. 67

Diese sogenannte deliberative Demokratie ersetzt die parlamentarische nicht, aber sie ergänzt sie. Deliberieren heisst dabei, dass Meinungen und Argumente auf Augenhöhe ausgetauscht und in Ruhe abgewogen werden, bis ein mehrheitsfähiger Kompromissvorschlag gefunden ist. Das Modell, das seit der griechischen Antike immer wieder diskutiert und teilweise auch angewendet wurde, könnte besonders (natürlich nicht nur) bei Umweltanliegen eine geeignete Ergänzung zu unserer halbdirekten Demokratie darstellen.

Forts. auf S. 70

«Jeder Koch kann regieren»

Für das Berufen der Bürger in Gremien und Ämter wählte die Demokratie in der Antike das Losverfahren. Dem demokratischen Gleichheitsprinzip folgend, sollten alle mit politischen Rechten an städtischen Beratungen teilnehmen und nicht nur die «wenigen Besten», wie dies in einer Aristokratie der Fall war. Um es mit C. L. R. James'[1] Worten zu sagen: «Jeder Koch kann regieren.» Man wollte in den Entscheidungsgremien nicht nur diejenigen mit Charisma, Ehrgeiz oder gar offen zur Schau gestelltem Machtanspruch.

Die Vorteile des Losverfahrens nutzten später auch die italienischen Stadtrepubliken, Venedig bis ins 18. Jahrhundert – und nicht zuletzt Stände in der alten Eidgenossenschaft.

Im Zeitalter der Aufklärung diskutierte der französische Staatstheoretiker Baron de Montesquieu[2] erneut das Losverfahren, und der Genfer Philosoph Jean-Jacques Rousseau[3] verwendete für die Staatsform, die wir heute als repräsentative Demokratien kennen, den Begriff «Wahlaristokratie» (aristocratie élective).

Dass im Verlauf des 19. Jahrhunderts in Frankreich gleichwohl kein Interesse am Losverfahren aufkam, dürfte auch mit der damals fehlenden Verfahrenspraktikabilität bei über 30 Millionen Franzosen und Französinnen zu tun haben. Aber die Ursachen reichen wohl tiefer: Das Bildungsideal der Aufklärung prägte die Vorstellung, dass Abgeordnete über möglichst grosse intellektuelle Kompetenzen verfügen sollten. Das ist angesichts der damals noch tiefen Alphabetisierungsrate durchaus nachvollziehbar. Heutzutage aber greift dieses Argument nicht mehr und verfügt über keinerlei Legitimität. Die Idee des Losverfahrens erlebt daher auch eine eigentliche Renaissance – bezeichnenderweise in weltanschaulich höchst unterschiedlichen Kreisen.

Wissenschaftlerinnen und Wissenschaftler wie Arash Abizadeh, Hubertus Buchstein, James S. Fishkin, Bruno S. Frey, John Gastil, Hélène Landemore, Margit Osterloh, Katja Rost, Nenad Stojanović und viele mehr bringen die Vorteile des Losverfahrens wieder ins Gespräch: als Mittel zur Wiederherstellung des Gemeinschaftssinns, zur Stärkung der Demokratie und zur Wiederherstellung des Vertrauens in die Institutionen.

1   C. L. R. James: «Every Cook Can Govern. A Study of Democracy in Ancient Greece. Its Meaning Today», Juni 1956, in: Correspondence, Bd. 2/12, 2003.
2   Charles de Secondat Montesquieu: De l'esprit des lois, Genf: Barrillot & fils, 1748.
3   Jean-Jacques Rousseau: Du contract social, ou, Principes du droit politique, Amsterdam: Marc Michel Rey, 1762.

Forts. von S. 69
Wir schlagen deshalb vor, dass ein Zukunftsrat für Nachhaltigkeitsanliegen als ein neues politisches Organ geschaffen wird. Er bildet einen Kontrapunkt zur Gegenwartsbesessenheit und Zukunftsvergessenheit des herkömmlichen politischen Betriebs.

Der Zukunftsrat ergänzt die aus National- und Ständerat bestehende Bundesversammlung. Diese neu geschaffene «dritte Kammer» unterscheidet sich in zwei Punkten wesentlich vom National- und Ständerat: Einerseits werden Mitglieder des Rats im Losverfahren bestimmt, andererseits hat dieser andere Befugnisse und Kompetenzen.

Er setzt sich also nicht aus sich zur Wahl stellenden Politikerinnen und Politikern zusammen, sondern aus zufällig bestimmten Bürgerinnen und Bürgern. Der Zukunftsrat soll die Bevölkerungsstruktur aller stimmberechtigten Schweizerinnen und Schweizer möglichst gut abbilden.

Die Wahl des Zukunftsrates

Die 100 Mitglieder des Zukunftsrates werden in einem zweistufigen Losverfahren ermittelt. In einem ersten Schritt wird eine bestimmte Anzahl Personen zufällig ausgewählt und zur Mitwirkung eingeladen. Nur wer die Einladung innerhalb einer gewissen Frist annimmt und damit sein Interesse zur Teilnahme bekundet, nimmt am zweiten Losverfahren teil.

Vor der Auslosung werden die Personen nach Kriterien wie Alter, Wohnort, sozialem Status, Geschlecht und Bildungsstand eingeteilt. Damit wird sichergestellt, dass diesbezüglich keine Bevölkerungsgruppe vergessen wird. Denn eine hohe Diversität führt nicht nur zu besseren Entscheidungen, sondern begründet auch die demokratische Legitimation des Zukunftsrates.

Der Zukunftsrat müsste sich allerdings nicht zwingend aus stimmberechtigten Personen zusammensetzen. Der vorliegende Vorschlag zielt einzig darauf, die Legislative institutionell zu reformieren; weder das Stimmrechtsalter noch der politische Status der in der Schweiz domizilierten

Personen ohne schweizerische Staatsangehörigkeit sind Gegenstand dieser Überlegungen. Diese Fragen können zu gegebener Zeit von den Initianten entschieden werden.

Die Amtszeit der per Los ermittelten Teilnehmenden soll einmalig sein. Um die Unabhängigkeit der Mitglieder zu schützen, werden alle zwei Jahre ein Drittel der Mitglieder ersetzt. Durch überlappende Amtszeiten von höchstens sechs Jahren können die dienstälteren Mitglieder die Neumitglieder einarbeiten und ihre Erfahrungen weitergeben.

So haben die Mitglieder ausreichend Zeit, sich in die Versammlungstätigkeit und in die Themen einzuarbeiten und ihre Anliegen einzubringen.

Die Arbeit des Zukunftsrates

Der Zukunftsrat muss Nachhaltigkeitsanliegen wirksam in den politischen Prozess einbringen können. Dafür braucht er effiziente Instrumente und effektive Befugnisse. So soll der Zukunftsrat Verfassungsrevisionen initiieren können, die Volk und Ständen zur Abstimmung unterbreitet werden. Er könnte also beispielsweise ein «Recht auf eine intakte Umwelt» für den Grundrechtskatalog unserer Bundesverfassung vorschlagen. Dadurch, dass der Zukunftsrat seine eigenen politischen Themen bestimmen, sie auf die Agenda setzen und zur Abstimmung bringen kann, ist es ihm möglich, eine öffentliche Debatte zu Zukunftsanliegen zu erzwingen. Die Entscheidungsmacht verbleibt dabei vollständig bei den Stimmberechtigten, die über jede Verfassungsänderung an der Urne befinden.

Forts. auf S. 73

Das Recht auf Leben in einer gesunden Umwelt

Charlotte Sieber-Gasser
PhD und Senior Researcher Geneva Graduate Institute, Lehrbeauftragte im öffentlichen Recht an den Universitäten Zürich und Luzern

Das Recht auf gesunde Umwelt schafft eine Brücke zwischen den gegenwärtigen und den künftigen Generationen und stärkt die Balance zwischen den verschiedenen Säulen (Wirtschaft, Gesellschaft, Umwelt) der nachhaltigen Entwicklung. Es überwindet damit auf einfache Art und Weise eine ganze Reihe der heutigen rechtlichen

Hindernisse, ohne gleich vom Anthropozentrismus abweichen zu müssen.

Das Recht auf gesunde Umwelt ist heute in über 100 nationalen Verfassungen anerkannt und in mindestens drei regionalen Menschenrechtskonventionen (in Afrika, Lateinamerika und der arabischen Welt) enthalten. Die Gewährung des Status als Rechtssubjekt für nicht-menschliche Lebewesen, Flüsse, Berge und Wälder nimmt weltweit zu (Indien, Neuseeland, Ecuador, Kolumbien, Bangladesch) und ist eng verknüpft mit den religiösen und/oder spirituellen Überzeugungen der Einwohnerinnen und Einwohner.

Entwicklungen in Europa

In Europa sind insbesondere zwei jüngere, richtungsweisende Urteile im Zusammenhang mit dem Recht auf gesunde Umwelt zu erwähnen: erstens das Urteil in der Verfassungsbeschwerde gegen das deutsche Klimaschutzgesetz (April 2021) und zweitens das Urteil in Sachen Milieudefensie u. a. gegen Royal Dutch Shell (Mai 2021).

Dem Anliegen des Rechts auf gesunde Umwelt wird im Urteil des deutschen Bundesverfassungsgerichts über das Klimaschutzgesetz insofern Rechnung getragen, als dass das Gericht eine Verletzung der Freiheitsrechte der jungen Beschwerdeführenden feststellt: Der Gesetzgeber wird angehalten, die Wahrung der grundrechtlich gesicherten Freiheit künftiger Generationen zu beachten. Er muss Vorkehrungen treffen, um hohe Lasten und Einschränkungen, die von künftigen Generationen zu tragen wären, zu verhindern.

Im Fall Milieudefensie u. a. gegen Royal Dutch Shell kam das Bezirksgericht in Den Haag zum Schluss, dass Shell seine CO_2-Emissionen bis zum Jahr 2030 um 45 Prozent (netto) im Vergleich zu 2019 senken müsse. Laut dem Urteil sind sowohl die zum Konzern gehörenden Unternehmen zum Klimaschutz verpflichtet als auch Zulieferdienste sowie Endabnehmerinnen und -abnehmer. Dieses Urteil ist weltweit das erste, das ein Energieunternehmen verpflichtet, so zu handeln, dass angenommener künftiger Schaden gar nicht erst entsteht. Das Gericht sah Shell aus dem ungeschriebenen deliktischen Sorgfaltsmassstab[1] in Verbindung mit den Menschenrechten zu den Treibhausgasreduktionen verpflichtet.

Gegenwärtige Rechtslage in der Schweiz

Im schweizerischen Verfassungs- und Gesetzesrecht ist kein Anspruch auf eine sichere, saubere, gesunde und nachhaltige Umwelt verankert. Auch die Rechtsprechung hat kein solches Recht anerkannt.

Das verfassungsmässige Nachhaltigkeitsprinzip ist inhaltlich nicht genügend bestimmt, als dass daraus unmittelbar anwendbare Rechte abgeleitet werden könnten.

Dasselbe gilt auch für die eigentlichen Zuständigkeitsnormen der Bundesverfassung im Bereich Umwelt und Raumplanung, welche wesensgemäss keine subjektiven Rechte verleihen. Allfällige Ansprüche entstehen erst aufgrund des konkretisierenden Gesetzesrechts, dessen Einhaltung von Betroffenen und Umweltverbänden gerichtlich eingefordert werden kann, oder wenn sich Grundrechtsträger auf die ökologischen Schutzbereiche der anerkannten Grundrechte stützen können.

In den kantonalen Verfassungen zeigt sich ein ähnliches Bild. Wie die Bundesverfassung bekennen sich auch die meisten kantonalen Verfassungen ausdrücklich zum Schutz der Umwelt und zu einer Verantwortlichkeit gegenüber künftigen Generationen und enthalten Ziel- und Aufgabenbestimmungen im Bereich des Umweltschutzes. Eigenständige subjektive Ansprüche auf eine gesunde Umwelt sehen jedoch auch die Kantonsverfassungen nicht vor. Die einzige Ausnahme bildet der Kanton Genf, in dessen neuer Verfassung ein Recht auf eine gesunde Umwelt ausdrücklich verankert ist.[2]

Auch in der Schweiz ist denkbar, dass es zu einer eingriffsähnlichen Vorwirkung auf die Freiheitsrechte künftiger Generationen kommt. Allerdings ist die Verfassungsgerichtsbarkeit gegenüber Bundesgesetzen durch die Bundesverfassung eingeschränkt.[3] Dies bedeutet, dass es in einem ähnlich gelagerten Fall wie beim Urteil über das deutsche Klimaschutzgesetz in der Schweiz lediglich zu einer Appellentscheidung kommen könnte. Auch verfügt die Schweiz nicht wie die Niederlande über einen ungeschriebenen deliktischen Sorgfaltsmassstab in Verbindung mit dem Vorsorgeprinzip. Ein Urteil wie bei Milieudefensie u. a. gegen Royal Dutch Shell erscheint in der Schweiz gegenwärtig ausgeschlossen.

Folgen eines neuen Rechts auf gesunde Umwelt

Erfolgt die Anerkennung des Rechts auf gesunde Umwelt auf Stufe der Verfassung, würde dies unter Umständen dazu führen, dass umweltrechtlichen Ansprüchen der Vorrang gegenüber abweichenden gesetzlichen Bestimmungen eingeräumt wird.[4] Die Verankerung des Rechts auf gesunde Umwelt würde alle staatlichen Behörden, namentlich Bundesversammlung, Bundesrat und Bundesverwaltung, einer Bindungs- und Verwirklichungspflicht aussetzen. Soweit das Recht justiziabel wäre, liesse es sich auch durchsetzen – gegenüber Einzelfallentscheidungen sowie gegenüber kantonalen Erlassen, die im Widerspruch zu diesem Recht ständen. Gegenüber Bundesgesetzen wären immerhin Appellentscheidungen möglich.

Eine Ausdehnung der Grundrechte auf das Recht auf gesunde Umwelt würde es neu in Ergänzung zum Initiativrecht ermöglichen, auch auf dem Rechtsweg gegen die Untätigkeit des Gesetzgebers vorzugehen. Damit würde der Umweltschutz insgesamt gestärkt und auch der Anspruch zukünftiger Generationen auf eine intakte Umwelt geschützt.

Parlamentarische Initiativen 21.436–440

Im März 2021 wurden von Marionna Schlatter (Grüne), Beat Flach (GLP), Anna Giacometti (FDP), Niklaus-Samuel Gugger (EVP) und Jon Pult (SP) parlamentarische Initiativen eingereicht, welche den besseren Schutz von Umwelt und Natur in der Bundesverfassung fordern. Um dies zu erreichen, regen die Initiativen eine entsprechende Revision an, entweder indem das Recht des Menschen auf eine gesunde Umwelt als Grundrecht verankert wird oder indem der Natur zumindest partiell der Status eines Rechtssubjekts gewährt wird.

Die Initiativen wurden vom Nationalrat am 12. Dezember 2022 mit 101 Stimmen dagegen und 87 Stimmen dafür (mit einer Enthaltung) abgelehnt.

1 Abgeleitet aus Buch 6 Art. 162 des niederländischen Zivilgesetzbuches.
2 Constitution de la République et canton de Genève, Art. 19.
3 Siehe Art. 190 der Bundesverfassung der Schweizerischen Eidgenossenschaft.
4 Insbesondere in Verbindung mit der Resolution des UNO-Menschenrechtsrats zur Anerkennung eines eigenständigen Menschenrechts auf eine gesunde Umwelt und mittelfristig auch mit der Rechtsprechung des EGMR zum Klimawandel.

Forts. von S. 71

Die dritte Parlamentskammer soll zudem gegenüber Gesetzen, die dem fakultativen Referendum unterstehen, und bei Verfassungsrevisionen der Bundesversammlung ein Vetorecht besitzen. Das Vetorecht gibt dem Zukunftsrat die Möglichkeit, nicht nachhaltige Vorlagen des Parlaments zu stoppen. Allein durch das Bestehen eines solchen Vetorechts hätte die Bundesversammlung also einen Anreiz, Nachhaltigkeitsanliegen in der Gesetzgebung stärker zu berücksichtigen. Die blosse Möglichkeit eines Vetos würde die Art und Weise des Politisierens im Parlament verändern, da sie einer permanenten Referendumsdrohung gleichkäme. Die Bundesversammlung könnte mit einem Mehr der Mitglieder beider Räte ein Veto der dritten Kammer überstimmen. So verbleibt die Entscheidungskompetenz bei der Bundesversammlung. Der Zukunftsrat würde also das bisherige System wirksam ergänzen, ohne es auszuhebeln.

Der Zukunftsrat soll finanziell und politisch unabhängig sein. Dafür muss er mit einem festen und langfristigen Budget ausgestattet sein, über das er selbstständig verfügen kann. Nur wenn die Finanzierung institutionell sichergestellt ist, kann garantiert werden, dass Entscheidungsfindung oder Themenwahl nicht durch Interessengruppen beeinflusst werden. Das wäre ein massgeblicher Unterschied zu den von Lobbys beeinflussten Parlamenten.

Der Zukunftsrat soll seine Themen grundsätzlich selbst auswählen und eigene Vorschläge bei der Umsetzung nötigenfalls überwachen können. Aufgrund einer Übergangsbestimmung wäre das erste Thema allerdings gesetzt: die nachhaltige Klimapolitik.

Die Mitglieder sollen für ihre Arbeit mit einem Honorar entschädigt werden. Dieses soll nicht zu hoch sein und insbesondere keine Anreize setzen, aus rein finanziellen Gründen mitzuwirken. Die Vergütung soll andererseits sicherstellen, dass Bürgerinnen und Bürger aus niedrigeren Einkommensschichten sich nicht aus finanziellen Gründen gezwungen sehen, auf eine Teilnahme zu verzichten. Der Zukunftsrat soll durch seine dienstälteren Mitglieder geleitet werden, wobei die Leitung alle zwei Jahre von der dritten Kammer selbst bestimmt wird.

Das Know-how im Zukunftsrat

Die Mitglieder müssen auf das Fachwissen von Expertinnen und Experten zurückgreifen können, wenn sie inhaltliche Fragen zu einem Thema haben. Ähnlich wie die Mitglieder sollen auch die Expertinnen und Experten in einem zweistufigen Verfahren ermittelt werden, damit alle wissenschaftlichen Perspektiven angemessen vertreten sind. Die Expertinnen und Experten führen die Mitglieder des Zukunftsrates inhaltlich in die Themen ein oder treffen für sie Abklärungen. Der Expertinnen- und Experten-Pool soll Mitglieder unterstützen, die wenig Vorwissen zu einem Thema besitzen oder wenig Zeit hatten, sich einzulesen. Auch gewählte Parlamentarierinnen und Parlamentarier können üblicherweise auf ein solches Expertisen-Angebot zurückgreifen.

Vorschlag eines Strategiestabs für die Schweiz

Dem Zukunftsrat soll ein Strategiestab zur Seite gestellt werden, der mit konsistent wissenschaftlicher Politikberatung der Meinungs- und Entscheidungsbildung der dritten Parlamentskammer zu hoher Qualität verhelfen kann. Im Zentrum stehen die langfristige gesellschaftliche Entwicklung und der nachhaltige Umgang mit den uns zur Verfügung stehenden Lebensgrundlagen aus Umwelt, Bildung, Gesundheit, solidarischem intergenerationellen Zusammenleben und Versorgungssicherheit. Das Gremium leistet wissenschaftliche Politikberatung, informiert über die neusten Forschungsergebnisse und führt öffentliche Review-Prozesse durch, die eine Einbindung aller interessierten Kreise ermöglichen. Der Strategiestab hat eine breit abgestützte und vielfältige Expertise zu repräsentieren. Die vertretenen Disziplinen umfassen demzufolge Natur-, Sozial- und Ingenieurwissenschaften in spezifischen Bereichen wie z. B. Physik, Medizin, Ökonomie, Politikwissenschaften und Recht. Das Gremium soll offen sein gegenüber Beiträgen aus allen Bereichen von Wirtschaft und Gesellschaft.

Der Strategiestab ist administrativ der Bundeskanzlei angegliedert, die ihm ein Sekretariat zur Verfügung stellt und seine Finanzierung regelt. Der Strategiestab ist verpflichtet, Aufträge des Zukunftsrates zu bearbeiten und dem Rat darüber Bericht zu erstatten. Allenfalls kann er seitens der Verwaltung weitere Forschungsfragen entgegennehmen und bearbeiten, ist dazu jedoch nicht verpflichtet. Das Sekretariat verfügt über ein Budget, das die Ausführung von Forschungsprojekten erlaubt.

Zur Sicherung der wissenschaftlichen Qualität im Gremium wird den Universitäten und Fachhochschulen der Schweiz ein Vorschlagsrecht für die Wahl der sieben bis neun Mitglieder im Strategiestab eingeräumt. Die Kandidaturen werden von der Bundeskanzlei gesammelt. Sie bestimmt einen Kern von vier Kandidatinnen und Kandidaten, die dem Bundesrat zur Wahl vorgeschlagen werden. Über die Besetzung der verbleibenden Mandate soll das Los entscheiden. Um eine hochrangige Vertretung der Forschung im Strategiestab sicherzustellen, sind die Institutionen, die dem Rat ihre Forschenden «leihweise» zur Verfügung stellen, zu entschädigen. Zudem sind die Förderinstitutionen wie der Schweizerische Nationalfonds, die Berufungskommissionen und Evaluationsgremien an den Hochschulen sowie die Entscheidungsgremien der Forschungspreise angehalten, die Leistungen im Rahmen des Strategiestabs ausdrücklich zu würdigen und als wichtige Auszeichnung einer wissenschaftlichen Laufbahn zu bewerten.

Schliesslich zur Amtsdauer: Um Unabhängigkeit und Vielfalt zu gewährleisten, ist die Amtsdauer von vornherein zu beschränken. Auch muss sie gestaffelt sein, das heisst, dass in einer ersten Phase die einmalige Verlängerung der Amtsdauer einzelner Mitglieder zu erlauben ist.

Die Repräsentativität des Zukunftsrates

Mit dem Zukunftsrat als dritte Parlamentskammer der schweizerischen Bundesversammlung soll die deliberative Demokratie auch hierzulande institutionell verankert werden. In der Schweizer Politik ist man in der Regel nicht besonders enthusiastisch gegenüber Veränderung. Oft wird gegenüber deliberativen Diskussions- und Entscheidungsformen eingewendet, dass besonders das Losverfahren willkürlich und nicht demokratisch sei.[18] Das Gegenteil ist der Fall: Das Losverfahren hat den Vorteil, dass die Bevölkerung in ihrer ganzen Vielfalt abgebildet wird – also nicht bloss die Verfügbaren, Jovialen oder allseits Beliebten.

Das Los ist blind gegenüber Geschlecht, Einkommen, Alter, Charisma, Ausbildungsstatus oder Herkunft. Alle haben dieselbe Chance auf politische Teilhabe. Das macht das Los im Vergleich zu Wahlen demokratischer. Das Losverfahren könnte die über Wahlen funktionierende Repräsentation sinnvoll ergänzen und demokratisieren, denn es folgt einer anderen Auswahllogik als der übliche demokratische Prozess mit seiner Personalisierung von Standpunkten.

Auch das Lobbyieren der Partikularinteressen wird durch das Los erschwert. Die Mitglieder des Zukunftsrates tauschen gleichberechtigt Meinungen und Argumente aus und wägen diese ab – stets mit dem Ziel, einen mehrheitsfähigen Kompromissvorschlag zu finden. Durch das Deliberieren werden die Bürgerinnen und Bürger besser über politische Inhalte informiert, reflektieren ein bestimmtes politisches Thema vertiefter und fällen in der Konsequenz stärker am Gemeinwohl orientierte Entscheidungen.

Im Zukunftsrat wird kein parteipolitisches Kalkül angestellt und dadurch werden auch die politischen Positionen nicht verzerrt. Ganz nebenbei wäre die Bevölkerung durch die Schaffung eines Zukunftsrates stärker in die Politik involviert – und zwar bereits am Anfang des politischen Prozesses und nicht erst an dessen Ende, wo man «nur» noch mit Ja oder Nein stimmen kann. Das gäbe der Bevölkerung ein stärkeres Gefühl, Teil des grossen Ganzen zu sein, und würde so die Legitimität des politischen Systems stärken. Auch dem grassierenden Tribalismus – «wer nicht für mich ist, ist gegen mich» – würde eine elegante Abfuhr erteilt durch eine Institution, in der niemand irgendwem etwas beweisen muss und das *gemeinsame* Ringen um gute Lösungen die Atmosphäre prägen würde.

Parlamentarierinnen und Parlamentarier werden in der Regel nicht gewählt, damit sie ihre politische Meinung ändern. Sie werden gewählt, weil sie eine bestimmte politische Position vertreten. Demgegenüber wäre der Austausch von Meinungen und Argumenten im Zukunftsrat ergebnisoffen. Die Mitglieder sollen ihre Positionen überdenken und erneuern können. Das ebnet den Weg für konstruktive Lösungsvorschläge.

Bürgerinnen und Bürger wollen mitreden

Alle Bürgerinnen und Bürger würden im Bewusstsein leben, dass sie für die dritte Parlamentskammer ausgelost werden könnten. Jede und jeder Einzelne trägt so automatisch auch eine grössere politische Verantwortung. Das stärkt die Identifikation mit der Demokratie und ermutigt möglicherweise sogar zu verstärktem Engagement in anderen Institutionen und Gremien. Wenn sich Menschen jedoch vom politischen Prozess ausgeschlossen fühlen, weil sie nicht (mehr) nachvollziehen können, wie gewisse Entscheidungen zustande kommen, tendieren sie dazu, diejenigen zu verfluchen, die für den Prozess und die Entscheidungen verantwortlich sind.[19]

Mit einem Zukunftsrat würden wir das Verhältnis von Bürgerinnen, Bürgern und Politik neu definieren, hin zu einem permanenten Prozess anstelle einer punktuellen Legitimation der wenigen durch die vielen. Der Dialog zwischen Bevölkerung und Politik würde so auf Augenhöhe stattfinden. Das Losverfahren bricht nämlich auch jeden allfälligen Narzissmus der Mitglieder des Zukunftsrates, die sich nicht (wie manche Parlamentarierinnen und Parlamentarier) als «gewählt und damit auserwählt» fühlen könnten.

Die Bürgerinnen und Bürger wollen mitreden – und zwar häufig nicht innerhalb der ideologisch-machtpolitischen Leitplanken, welche die Parteien ihnen setzen. Und zudem am Anfang des politischen Prozesses und nicht erst an dessen Ende, wenn sie die Vorschläge der einen oder anderen Partei beurteilen.

Daher sind wir überzeugt: Die Etablierung eines Zukunftrates käme einer *Common Sense Revolution* gleich.

Kipppunkte und langfristige Entwicklung

Lucas Bretschger
Ordentlicher Professor für Volkswirtschaftslehre und Ressourcenökonomie an der ETH Zürich

Erfolgreiche Lösungen der grossen gesellschaftlichen Herausforderungen wie Klimawandel oder Verlust der Artenvielfalt erfordern deutliche Korrekturen an der gegenwärtigen Entwicklung von Wirtschaft und Gesellschaft. Rasche und durchgreifende Veränderungen sind aber schwer durchsetzbar, da die bestehenden Infrastrukturen sowie die Routinen in Produktion und Konsum breit etabliert und verfestigt sind. So ist ein grosser Teil des bestehenden Kapital- und Infrastrukturbestands auf die Nutzung fossiler Stoffe ausgelegt, die fossilen Energieträger sind in vielen Bereichen der Industrie und des Transports noch stark dominant. Für eine Dekarbonisierung bis zur Mitte des Jahrhunderts ist eine rasche Trendumkehr nötig, die schwierig zu erreichen ist, beim Überschreiten von sogenannten Kipppunkten (*tipping points*) aber möglich wird. Dynamiken mit Kipppunkten können in ganz unterschiedlichen Bereichen wie Technologie, Gesellschaft und Politik auftreten. Sie beschreiben eine nichtlineare Entwicklung, bei der nach dem Überschreiten einer bestimmten Schwelle eine Beschleunigung eintritt, die positive Rückkopplungsmechanismen aufweist und am Ende selbsttragend wird. In der Technikgeschichte haben neue Querschnittstechnologien wie der Computer, die Mobiltelefonie oder das Internet die Wirtschaftsstruktur grundlegend verändert – und dies in relativ kurzen Zeiträumen. Neue Technologien sind daher mögliche Kipppunkte (*technology tipping*) und damit wichtige Treiber von disruptiven Entwicklungen in der Wirtschaft. Ein aktuelles Beispiel ist die Elektromobilität, die global rasch die Automobilmärkte erobert und die alten Verbrenner zunehmend verdrängt. In der Politik treten Kipppunkte (*policy tipping*) dann auf, wenn Naturkatastrophen, wissenschaftliche Berichte oder juristische Entscheidungen die öffentliche Meinung verändern und damit den Boden für politisches Handeln ebnen. In der Geschichte der Tabakbesteuerung vieler Länder fällt auf, dass die Politik erst dann wirkungsvoll wurde, als die Nichtraucher zur Mehrheit in der Bevölkerung wurden. Die frühe Elektrifizierung der Schweiz war von einem entscheidenden Kipppunkt geprägt: dem Zwang zur Lossagung von der ausländischen Kohle. Auch die gesellschaftliche Entwicklung zeigt immer wieder Kipppunkte (*social tipping*), das heisst plötzliche Veränderungen, welche die geltende soziale und ökonomische Ordnung zumindest in Teilbereichen kräftig verändern. Individuen ziehen es in der Regel vor, sich anzupassen, wenn sie erwarten, dass andere das Gleiche tun werden. Sie tun dies, um soziale Sanktionen zu vermeiden, selbst wenn eine Normänderung sozial vorteilhaft wäre. Wenn jedoch eine kritische Anzahl von Individuen die Norm aufgibt, kehren sich die sozialen Anreize um und treiben eine schnelle Veränderung in Richtung eines alternativen Zustands voran. Die soziale Kippdynamik manifestiert sich heute typischerweise als Ausbreitungsprozess in sozialen Netzwerken in Form von Meinungen, Wissen und Technologieakzeptanz. Solche Prozesse könnten beipielsweise für unsere künftigen Ernährungs- und Gesundheitsgewohnheiten eine zunehmende Bedeutung erhalten.

Bestehende soziale, wirtschaftliche und politische Systeme neigen dazu, selbststabilisierende Mechanismen zu fördern, die sich Veränderungen widersetzen. Kipppunkte können diesem auf Bewahrung ausgerichteten Grundschema entgegenwirken. Schwierige gesellschaftliche Zielsetzungen werden durch disruptive Entwicklungen erreichbar, auch wenn sich viele die nötigen Veränderun-

gen zuerst nicht vorstellen können. Allerdings wurden die Kippdynamiken in der Vergangenheit oft nicht vorhergesehen und meist nur im Nachhinein verstanden. Die Liste von prominenten falschen Vorhersagen ist lang. IBM-Chairman Thomas Watson bemerkte 1943, dass «[…] es einen Weltmarkt für vielleicht fünf Computer gibt». Noch 1977 sagte Ken Olson, Präsident der Digital Equipment Corp., dass es keinen Grund gäbe, «warum irgendjemand einen Computer in seinem Haus haben möchte». «Der potenzielle Weltmarkt für Kopiergeräte beträgt höchstens 5000», meinte IBM 1959. Im Jahr 1980 schätzte die Beraterfirma McKinsey die Zahl der Abonnenten von Mobiltelefonen in den USA bis zum Jahr 2000 auf 900'000, was bei weniger als 1 % der tatsächlichen Zahl von 109 Millionen lag. Und noch 2007 sagte der CEO von Microsoft: «Es gibt keine Chance, dass das iPhone einen signifikanten Marktanteil erreichen wird.»[1] Ähnliche nichtzutreffende Kommentare wurden unlängst zum Online-Handel und zur Elektromobilität geäussert. Dabei fällt auf, dass vor allem geschäftsnahe Experten mit handfesten eigenen Interessen die Geschehnisse falsch beurteilten.

Die Fähigkeit, vorherzusagen, wann Gesellschaften einen Kipppunkt erreichen, hat aber offensichtlich erhebliche Auswirkungen auf das gesellschaftliche Wohlergehen und die Möglichkeit einer nachhaltigen Entwicklung. Die zielgerichtete Förderung des Überschreitens von wichtigen Schwellen kann zu einer erfolgreichen Strategie für die Nachhaltigkeitspolitik werden. Die politischen Rahmenbedingungen und Interventionen sollten daher das Ziel verfolgen, wichtige Kipppunkte zu erkennen und für die Nachhaltigkeit nutzbar zu machen. Insbesondere geht es dabei um die Aktivierung von ansteckenden Prozessen mit sich schnell ausbreitenden Technologien, Verhaltensweisen, sozialen Normen und strukturellen Reorganisationen in zentralen Wirtschaftsbereichen. Das Identifizieren sowie Aktivieren von sozialen Kippdynamiken wird so zu einer der zentralen politischen Herausforderungen in der nahen Zukunft. Die institutionelle Einbindung von unabhängigen hochrangigen Experten in die strategische politische Entscheidungsfindung bietet für einen solchen Prozess gute Voraussetzungen. Er könnte im Rahmen des für die Schweiz neu zu schaffenden «Strategiestabs» realisiert werden.

---

1   Vgl. zum Ganzen Ilya Pestov: «The Absolute Worst Technology Predictions of the Past 150 Years», 2017, https://www.freecodecamp.org/news/worst-tech-predictions-of-the-past-100-years-c18654211375/ (zuletzt abgerufen 6.6.2023); Nick Carr: « How Many Computers Does the World Need? Fewer than You Think», in: *The Guardian*, 2008, https://www.theguardian.com/technology/2008/feb/21/computing.supercomputers (zuletzt abgerufen 6.6.2023); Robert J. Szczerba: «15 Worst Tech Predictions Of All Time», in *Forbes*, 2015, https://www.forbes.com/sites/robertszczerba/2015/01/05/15-worst-tech-predictions-of-all-time/?sh=3888cd2c1299 (zuletzt abgerufen 6.6.2023).

Forts. auf S.87

«Seit ich 20 bin, habe ich gerade mal einen Urnengang verpasst.»

Interview S. 150

«In Medien, der Gesellschaft und der Politik verhalten sich die Menschen immer aggressiver, unanständiger und intoleranter gegenüber Andersdenkenden.»

Interview S.188

«Ich wähle meine Urlaubsziele so, dass sie mit öffentlichen Verkehrsmitteln erreichbar sind.»

Interview S.153

«Scelgo le destinazioni delle mie vacanze in modo che siano accessibili con i mezzi pubblici.»

Das Vorgehen

All diejenigen, die politische Innovation in der Schweiz verhindern möchten, weisen gerne auf die Nichtumsetzbarkeit eines neuen Vorschlags hin – so sicher auch bei dem unsrigen. Achten Sie in politischen Debatten oder in Abstimmungskämpfen einmal darauf, wie sich gewählte Parlamentarierinnen und Parlamentarier zu einem neuen politischen Vorschlag in den Medien äussern. Wenn sie den Vorschlag gut finden, sich aber in den eigenen Privilegien bedroht sehen, kommt meist diese oder eine sinngemässe Antwort: Wissen Sie, das ist ein gut gemeinter Vorschlag, aber als erfahrener Politiker kann ich ihnen also versichern: das ist in der Schweiz so nicht umsetzbar. Das hat vor dem Volk keine Chance.

Nun denn, wir können in unserem politischen System ziemlich viel umsetzen, wenn eine Mehrheit von Volk und Ständen der entsprechenden Änderung zustimmt. Auch auf kantonaler und kommunaler Ebene gibt es zahlreiche Möglichkeiten, neue deliberative Elemente auszuprobieren. Das ist eine grosse Stärke unseres Systems. Es ist dezentral und dank der direktdemokratischen Instrumente sind die Hürden für politische Innovationsvorschläge aus der Zivilgesellschaft niedrig. Aber auch Regierungen, Parteien und Parlamente könnten politische Innovation initiieren. Wir verfügen also über die nötigen Instrumente, um einen Zukunftsrat in der Schweiz zu schaffen.

Natürlich ist das ein Vorschlag, der eine gewisse Zeit braucht, bis er umgesetzt ist. Demokratie braucht Geduld, und Wandel vollzieht sich oft in kleinen Schritten. Aber auch kleine Schritte können auf Dauer eine grosse Wirkung entfalten. Damit wir einen Zukunftsrat auf nationaler Ebene schaffen können, müssen wir unsere Bundesverfassung ändern. Eine solche Reform schafft die verfassungsrechtliche Grundlage für den Zukunftsrat. Den neuen Verfassungstext mit allen Änderungsvorschlägen finden Sie im Kapitel «Verfassungsänderung mit Erläuterung».

Wie fast alle politischen und sozialen Innovationen werden sowohl der Vorschlag wie auch der Verfassungstext umstritten sein. Und das ist auch gut so. Wir scheuen uns nicht vor dieser politischen Debatte. Wir freuen uns darauf.

Angesichts der Dringlichkeit, mit der in der Klima- und Umweltpolitik gehandelt werden muss, drängen sich auch weitere Formen der deliberativen Demokratie auf, die zeitnäher umsetzbar wären.

Zum Beispiel könnten wir im Rahmen des eidgenössischen Vernehmlassungsverfahrens, also dort, wo normalerweise Interessengruppen, Verbände und Organisationen ihre Meinung zu Gesetzen oder Verordnungen kundtun, auch zufällig ausgewählte Bürgerinnen und Bürger zulassen. So könnte man das Vernehmlassungsverfahren demokratisieren und sicherstellen, dass auch ein über Losverfahren ermittelter, repräsentativer Teil der Bevölkerung zu neuen Erlassen Stellung nimmt. Denkbar ist auch die Gründung von niederschwelligen Onlineforen, in denen zufällig ausgewählte Bürgerinnen und Bürger ihre Argumente und Meinungen zu bestimmten Themen abgeben können. So hätte man ein erstes Korrektiv zu den polarisierten und polarisierenden Parteien, und die Debatte würde schnell um die Bevölkerungsperspektive erweitert.

Noch leichter umsetzbar wären vertiefte Meinungsumfragen, sogenannte *deliberative polls*, wie sie bereits in zahlreichen Ländern durchgeführt werden.[20] Die zufällig eingeladenen und ausgewählten Teilnehmenden diskutieren dabei ein Wochenende lang über ein bestimmtes politisches Thema. Die Erfahrungen aus den *deliberative polls* haben gezeigt, dass man seine politische Meinung eher überdenkt, wenn man nicht nur mit politisch Gleichgesinnten und Bekannten diskutiert.

Forts. auf S. 90

Conseil citoyen, Losverfahren, Deliberation

Nenad Stojanović
Professor des Schweizerischen Nationalfonds, Projektleiter *Demoscan*, Universität Genf

Ein *conseil citoyen* (Bürger:innenrat) als Gremium ist eine besondere Form der politischen Partizipation, die auf einem deliberativen Demokratieverständnis beruht. In einem Bürger:innenrat kommen zufällig ausgeloste Personen zusammen, sodass ein Mikro-Abbild der Gesellschaft geschaffen wird (engl. *deliberative mini-public*).

Die ausgelosten Bürgerinnen und Bürger informieren sich über das vorab definierte Thema, tauschen sich aus und handeln gemeinsam Lösungen und Empfehlungen aus. Ein *conseil citoyen* kann in verschiedenen Phasen des politischen Prozesses eingesetzt werden. Beispielsweise:
· bevor die Exekutive den Entwurf einer Vorlage der Legislative bzw. den Stimmberechtigten zur Beratung und Beschlussfassung übergibt,
· während der Ausgestaltung einer Vorlage in Zusammenarbeit mit der Legislative
· oder vor einer Volksabstimmung, wie im Modell Demoscan.

Erfahrungen aus der Westschweiz
Der erste, aufgrund des offiziellen Einwohnerregisters ausgeloste *conseil citoyen* in der Schweiz fand im November 2019 in Sion statt. Beim Demoscan Sion haben wir mit einem zweistufigen Losverfahren gearbeitet. Zuerst wurden 2000 Personen aus den circa 21'000 Stimmberechtigten in Sion ausgelost. Sie wurden angefragt, ob sie mitmachen wollen, und 205 haben zugesagt. In einer zweiten Stufe haben wir unter den 205 Freiwilligen 20 per Los selektioniert, wobei auch gewisse Kriterien der Repräsentativität berücksichtigt wurden: Geschlecht, Alter, Bildung, politische Positionierung, politische Partizipation. Andere Kriterien wie die Muttersprache haben wir ausgelassen, um den Kriterienkatalog straff zu halten. Trotzdem hat das Los «entschieden», dass drei von 20 Teilnehmenden Deutsch als Muttersprache haben! Wichtig war vor allem das Kriterium der Partizipation, weil wir auch Bürgerinnen und Bürger am Projekt teilnehmen lassen wollten, die ansonsten selten bis nie abstimmen gehen. Und davon haben wir einige dabei. Die Teilnehmenden haben während vier Tagen über die eidgenössische Volksinitiative «Für mehr bezahlbare Wohnungen» deliberiert und am Ende einen kurzen Bericht, einen *rapport citoyen*, von zwei Seiten verfasst, der im Januar 2020, circa einen Monat vor der Abstimmung, an alle Stimmberechtigten der Stadt Sion verschickt wurde.

Die Rückmeldungen von den Bürgerinnen und Bürgern, die ins Gremium gelost wurden, waren sehr positiv. Viele bekundeten Freude über die Chance, diese Erfahrung machen zu können, auch wenn sie sich am politischen Prozess ansonsten nicht stark beteiligten. Zudem war es für die Teilnehmenden auch eine Art «Schule der Demokratie». Auch bei der breiteren Bevölkerung stösst die Arbeit des Bürger:innenrates auf Interesse: Der *rapport citoyen* trägt zur Meinungsbildung bei und erhöht die Absicht, an der Volksabstimmung teilzunehmen.

Echo und Institutionalisierung
Das Projekt Demoscan Sion erntete grosses Echo in den Medien und motivierte weitere Gemeinden und Kantone dazu, ähnliche Experimente durchzuführen – was mit Unterstützung des Demoscan-Teams auch geschah. So folgten Projekte im Kanton Genf (Forum citoyen de Genève und Demoscan

Genève), in Lausanne (Rencontres citoyennes d'Entre-Bois) und schliesslich auch in der italienischen und deutschen Schweiz – etwa mit Bellinzona, Winterthur oder dem Kanton Aargau.

Neben dem Experimentieren mit den *conseils citoyens* in Form von Pilotprojekten gibt es unter den europäischen Nachbarn auch erste Institutionalisierungsversuche. Eine Vorreiterin war die deutschsprachige Gemeinschaft Belgiens, die seit 2019 einen 24-köpfigen Bürger:innenrat kennt. Weitere Institutionalisierungen haben in der Region Vorarlberg in Österreich und in der Stadt Aachen in Deutschland stattgefunden; in der Schweiz versucht im Kanton Waadt ein Verein, via Volksinitiative den Kantonsrat mit einer zweiten Kammer (*chambre citoyenne*) zu ergänzen.

Forts. von S. 89

Nicht zuletzt ist der Föderalismus ein gutes Versuchslabor für innovative Politik. Auch in den Kantonen und Gemeinden können Bürger:innenräte ihre Wirkung entfalten, indem sie Nachhaltigkeitsanliegen auf die politische Agenda setzen und die institutionelle Politik dazu zwingen, sich mit diesen Themen auseinanderzusetzen. Auf kantonaler oder kommunaler Ebene könnten wir also in kleinen Schritten schon einmal austesten, ob sich das Instrument des Zukunftsrates bewährt.

Das «Neue» zunächst einmal in den Gemeinden und Kantonen auszuprobieren, braucht auch etwas weniger Mut, als gleich auf Bundesebene einzusteigen. Denn solche Innovationen können im schlechtesten Fall scheitern, ohne gleich das ganze System zu gefährden. Fallen politischer Handlungsdruck und Ungewissheit zusammen, stehen die Chancen besonders gut, dass unter den Kantonen und Gemeinden eine Art Wettbewerb entsteht, bei dem nach dem Trial-and-Error-Prinzip gehandelt wird. Das könnten wir auch für unseren Zukunftsrat nutzen.

Forts. auf S. 92

Der Föderalismus als Versuchslabor für innovative Politik

Wolf Linder
Emeritierter Professor für Politikwissenschaft, Universität Bern

Der Föderalismus gilt gemeinhin als Hemmschuh politischer Innovation. Vieles spricht für diese Meinung: Der Bund muss seine Kompetenzen mit 26 Kantonen und 2000 Gemeinden teilen. Jedes Gesetz muss die Zustimmung beider Parlamentskammern, des National- und des Ständerats, erhalten. Verfassungsabstimmungen erfordern das doppelte Mehr von Volk und Ständen. So dauern Entscheidungen der Bundespolitik lange und erlauben nur schrittweise kleine Veränderungen.

Der Föderalismus birgt aber auch Innovationschancen. Er kann als Labor verstanden werden, in dem die Kantone verschiedene Lösungen für neue Probleme testen. In einem Trial-and-Error-Prozess wird nach und nach die beste Lösung gefunden. Der Föderalismus bietet also die Chance einer Innovation, die sich unter Kantonen und Gemeinden verbreitet und nationalen Erfolg hat, wenn sie sich von unten nach oben durchsetzt.

Ein überzeugendes Beispiel dafür ist die schweizerische Drogenpolitik, in der das Land bis heute als internationaler Vorreiter gilt und in der die Städte eine entscheidende Rolle spielten. Mitte der 1980er-Jahre bereiteten die offenen Drogenszenen in Städten wie Bern und Zürich grosse Probleme. Schockierende Bilder zeigten Hunderte von Süchtigen, viele von ihnen krank, verwahrlost, von Diebstahl oder Prostitution lebend. Die Fotos vom Elend des Zürcher «Needleparks» machten in der Weltpresse die Runde und zeigten ein ungewöhnliches Bild der wohlhabenden Bankenstadt.

Die Behörden mussten bald erkennen, dass die reine Repressionspolitik das Drogenproblem nicht lösen konnte. Es fehlte an sozialen und medizinischen Massnahmen, um die Tausenden von Süchtigen aufzufangen. Darin wurden die Städte Bern und Zürich zu einem eigentlichen Versuchslabor. Ihre Anlauf- und Betreuungsstellen für Süchtige waren flankiert von niederschwelligen Methadonabgaben, Notschlafstellen, Arbeitsintegrationsprojekten usw. Aus ersten Erfahrungen entstand allmählich ein politisches Konzept, das bis heute praktiziert wird. Es stützt sich auf vier Säulen: Repression, Prävention, Therapie und Schadensminderung für Drogenkonsumierende.

Das Vier-Säulen-Konzept begegnete anfänglich heftigem Widerstand. Eine breite Opposition empfand die Abkehr von der reinen Repression des verbotenen Drogenkonsums als Tabubruch. Fixerräume, die Methadonabgabe und später die kontrollierte Heroinabgabe waren nicht nur politisch, sondern auch in medizinischen Kreisen und der Drogenfachwelt umstritten. Doch das Konzept wurde von Bern, Zürich und weiteren Städten unterstützt und in Fachgremien weiterentwickelt. So wurden unterschiedliche Behandlungsmethoden für Abhängige verschiedener Suchtstoffe erprobt. Die Zusammenarbeit zwischen Polizei und Suchtinstitutionen war eine völlig neue Praxis, die erst mühsam erlernt werden musste, bevor sie zum Kernstück des Erfolgs der neuen Drogenpolitik wurde. Ab den 1990er-Jahren unterstützten auch die Gesundheitsbehörden des Bundes die Vier-Säulen-Strategie. Der Bundesrat erliess Ausnahmeverordnungen z. B. für die Heroinverschreibung, denen nach dem Parlament auch das Volk zustimmte. Die Vier-Säulen-Strategie wurde so zur offiziellen Politik des Bundes und schliesslich im Jahr 2008 durch die Annahme in einer Referendumsabstimmung gesetzlich verankert.

Damit zog sich die Schweiz allerdings heftige Kritik vonseiten der UNO zu, deren Agentur in Wien an der alten Idee der blossen Repression des Drogenkonsums festhielt. Eine niederschwellige Spritzen- oder Methadonabgabe, die Fixerräume sowie die Verwendung von Heroin für therapeutische Zwecke – alles wesentliche Angebote der Säule Schadensminderung – waren aus Sicht der UNO ein absolutes No-Go. Sie sah die Schweizer Drogenpolitik als unvereinbar mit internationalen Abkommen. Der Erfolg der Schweizer Pionierlösung fand erst allmählich international Anerkennung. Immer mehr Länder übernahmen Grundzüge des Vier-Säulen-Konzepts für eine Neuausrichtung ihrer nationalen Drogenpolitik.

Man könnte viele weitere Beispiele des innovativen Föderalismus aufzählen, aus der Sozial- und Umweltpolitik oder jüngst aus der Covid-19-Pandemie, in der dank grösserer lokaler und kantonaler Autonomie ein bedachterer Umgang mit Lockdowns erfolgte als in unseren Nachbarländern mit dem direkten Durchgriff ihrer Zentralregierungen.

Was aber sind grundsätzlich die Innovationschancen der Politik im Föderalismus? Wir finden sie in folgenden Punkten:

1. *Der Wandel der öffentlichen Meinung:* Politische Innovation kann sich nur so weit durchsetzen, wie sie begleitet ist von der Änderung individueller Haltungen und Einstellungen und vom Wandel der öffentlichen Meinung. Im Föderalismus ist die Politik vielfach näher an ihren Bürgerinnen und Bürgern. Das kann Lernprozesse, aber auch die Überwindung der Konflikte zwischen Bisherigem und Neuem erleichtern.

2. *Die Recherche in Ungewissheit:* Wie funktioniert die gesellschaftliche Integration von «Secondos» am besten? Welche Schutzmassnahmen brauchen Bergdörfer, die vom Auftauen des Permafrosts bedroht sind? Was sind die Auswirkungen von «Tempo 30 generell» in den grösseren Städten? Das sind Fragen, für die es zwar theoretische Antworten gibt. Aber nur die Praxis zeigt, was praktikabel und wirksam ist. Die Erkundung solcher Ungewissheiten kann schneller und besser erfolgen, wenn dezentrale Einheiten wie Gemeinden oder Kantone über politische Autonomie zum Ausprobieren verfügen. Politische Innovation hat immer auch Risiken und kann sich als Fehlschlag erweisen. Dezentrale Fehlschläge sind indessen meist nicht systemrelevant, sondern bleiben lokal begrenzt.

3. *Föderalismus als experimentelles Labor:* Der Föderalismus eröffnet Chancen für einen Wettbewerb, bei dem die Beteiligten nach dem Trial-and-Error-Prinzip handeln: Kantone oder auch Gemeinden probieren verschiedene Ansätze zum gleichen Problem aus, vergleichen sie, lernen voneinander und finden so die bestmögliche Lösung. Eine solche Zusammenarbeit birgt Vorteile für alle Beteiligten. Dieser Prozess ist nicht selten. So ist es üblich, dass Kantone bei der Erarbeitung neuer Gesetze die Lösungen der Nachbarn konsultieren oder dass sie im Vollzug von Aufgaben ihre Fachkräfte austauschen. Dabei ist es nicht erforderlich, dass alle Kantone mitmachen, und die Vereinheitlichung durch

eine «beste Lösung» kann begrenzt sein: Es bleibt Raum für Abweichungen, an denen ein Kanton festhält, weil sie besser zu seinen lokalen Bedingungen passen. Selbst dann ist eine kooperative Innovation in der Regel besser für alle Beteiligten als die Suche nach Innovationen im Alleingang.

Top-down-Bundespolitik kann an mangelnder Umsetzung auf lokaler Ebene scheitern. Nationale Politik hat besseren Erfolg, wenn sie lokale und kantonale Innovationen systematisch sucht, um Chancen für neue Politiken und neue Wege der Umsetzung zu finden. Damit lassen sich Bottom-up-Strategien mit Top-down-Politiken kombinie-

ren, wie heute zum Beispiel in der Schweizer Forschungspolitik.

Vermehrte Innovation im Föderalismus wäre möglich durch Verbesserungen sowohl der Trial-and-Error-Methode wie des Bottom-up-Prozesses. Mit geeigneten politischen Anreizen des Bundes könnte die föderale Vielfalt als Labor für «Versuch und Irrtum» intensiver genutzt werden. Sodann wäre der Bottom-up-Prozess zu erleichtern. Das alte Rechtsinstrument der «salvatorischen Klausel» könnte dabei helfen: Dieses erlaubt, mit Innovationen zu experimentieren, auch wenn eine Vereinbarkeit einzelner Bestimmungen mit übergeordnetem Recht noch fraglich ist.

Forts. von S. 90

Unabhängig vom Ausgang allfälliger Versuche könnten wir von den Erfahrungen aus Kantonen und Gemeinden viel lernen für die nationale Ebene. Dass *best practices* nicht immer aus Bundesbern, sondern auch aus den Kantonen kommen, hat uns die Geschichte gezeigt: So wurde die direkte Demokratie bekanntlich zuerst auf kantonaler Ebene erstritten und institutionalisiert.

Ob in kleinen oder grossen Schritten: Allein das Vorhandensein ergänzender Demokratiemodelle würde die Parteien anspornen, mehrheitsfähige Lösungsvorschläge für die Herausforderungen der Zukunft auszuarbeiten. Und sollten sie es weiterhin nicht tun, dann käme der Zukunftsrat mit eigenen Vorschlägen zum Zug.

Citizens' Democracy

Alexandra Gavilano
Soziologin, Umweltgerechtigkeits- & Demokratieaktivistin

Citizens' Democracy ist ein junges Think-and-Do-Netzwerk, das die verschiedenen Akteurinnen und Akteure, die sich bereits für Bürger:innenversammlungen einsetzen, zusammenbringt. Die Organisation bietet einen Rahmen für Vernetzung, gegenseitiges Lernen und gemeinsames Erarbeiten von *good practices* für Bürger:innenversammlungen in der Schweiz. Für einzelne solcher Versammlungen entwickelt Citizens' Democracy Prozessdesigns, unterstützt beim Definieren von übergeordneten Rahmenbedingungen sowie bei der Zusammenarbeit mit

Kollaborationspartnerinnen und -partnern und übernimmt Aspekte der Begleitforschung.

Ein gemeinsames Verständnis für *good practices* von Bürger:innenversammlungen

Es gibt viele Formen von Bürger:innenversammlungen: Beispielsweise geht es bei wissenschaftlichen Mini-Bürger:innenversammlungen meistens darum, wie sich die Präferenzen der Bevölkerung durch Lernen und Beraten verändern können; sie beziehen sich oftmals auf aktuelle Abstimmungsthemen. Dem gegenüber stehen Bürger:innenversammlungen, die sich komplexeren Problemstellungen widmen (Klimakrise, Wohlstandsungleichheit, Migration etc.). Solche Themen enthalten gleich mehrere Unbekannte und v. a. auch viele miteinander verknüpfte Faktoren, was die Reduktion auf standardisierte Prozesse erschwert.[1] Solche komplexen Fragestellungen werden am besten mit kollaborativen Ansätzen angegangen.[2]

Citizens' Democracy möchte im Austausch mit der Wissenschaft, der Politik und der Gesellschaft *good practices* etablieren. Die zentralen Eckpfeiler sind, dass alle Teilnehmenden

· sich ein vollständiges Bild der Problemstellung machen können;

· Zeit haben, sich mit dem Verändern der eigenen Perspektive auseinanderzusetzen;

· über einen längeren Zeitraum einen Austausch pflegen zwischen Bürger:innenversammlung und Zivilgesellschaft;

· und während des Prozesses genügend Raum für eine ausgewogene Deliberation haben.

Bürger:innenversammlungen als neues Instrument für die direktdemokratische Schweiz

Aus Bürger:innenversammlungen können überraschende neue Lösungsansätze resultieren. Zu verdanken sind solche oftmals neuen Perspektiven den Teilnehmenden. Das kollaborative Deliberieren kann die Demokratie der Schweiz noch agiler und inklusiver in der Handhabung von komplexen Problemen machen.[3]

1   Enid Mumford: «Problems, Knowledge, Solutions: Solving Complex Problems», in: *The Journal of Strategic Information Systems*, 7(4), 1998, S. 255–269, doi: http://dx.doi.org/10.1016/S0963-8687(99)00003-7.
2   Tim Moore: «Wicked Problems, Rotten Outcomes and Clumsy Solutions: Children and Families in a Changing World». Paper, präsentiert auf der NIFTey/CCCH Conference, Sydney, 2011, https://www.researchgate.net/publication/290438745_Wicked_problems_rotten_outcomes_and_clumsy_solutions_Children_and_families_in_a_changing_world (zuletzt abgerufen 5.4.2023); Jeff Conklin: *Dialogue Mapping: Building Shared Understanding of Wicked Problems*, Chichester, UK: Wiley, 2005, http://cognexus.org/wpf/wickedproblems.pdf (zuletzt abgerufen 5.4.2023); Melody Barnes, Paul Schmitz: «Community Engagement Matters (Now More Than Ever)», in: *Stanford Social Innovation Review*, Spring 2016, S. 32–39, https://ssir.org/articles/entry/community_engagement_matters_now_more_than_ever (zuletzt abgerufen 5.4.2023).
3   Weitere Informationen sind auf www.citizens-democracy.ch zu finden.

Mit dem Zukunftsrat U24 die Demokratie von morgen gestalten

Che Wagner
Programmleiter «Teilhabe» bei Pro Futuris

Die Trägerschaft aus der Schweizerischen UNESCO-Kommission sowie der Schweizerischen Gemeinnützigen Gesellschaft beruft mit dem «Zukunftsrat U24» den ersten Bürger:innenrat aus Jugendlichen und jungen Erwachsenen ein. Das Gremium besteht aus rund 80 repräsentativ ausgelosten und in der Schweiz wohnhaften jungen Menschen im Alter von 16 bis 24 Jahren, die über eine von Jugendlichen eingebrachte Fragestellung diskutieren.

Fehlende Perspektiven in der direkten Demokratie

Der Zukunftsglauben der Schweizer Bevölkerung schwindet. Laut der repräsentativen Umfrage des Generationen-Barometers 2023 gaben 66 Prozent aller Befragten an, «eher pessimistisch» oder «pessimistisch» auf das Jahr 2052 zu blicken. Bei jungen Befragten im Alter von 18 bis 26 Jahren sind es sogar 81 Prozent, die eine grundsätzlich pessimistische Sicht in die Zukunft haben.[1]

Jugendliche und junge Erwachsene sind besonders von politischen Entscheidungen betroffen, denn sie müssen am längsten mit den daraus resultierenden Folgen leben. Gleichzeitig ist diese Bevölkerungsgruppe in der Politik unterrepräsentiert, da das Stimm- und Wahlrecht in der Schweiz auf nationaler Ebene erst mit 18 Jahren erfolgt und offizielle politische Ämter ebenfalls erst mit der Volljährigkeit ausgeübt werden dürfen. Hinzu kommt, dass die Wahlbeteiligung der unter 25-jährigen Schweizer Bürgerinnen und Bürger mit 33 Prozent unter der allgemeinen Wahlbeteiligung von 45 Prozent[2] liegt. In den vergangenen 25 Jahren nahm jeweils nur etwa ein Drittel der 18- bis 25-Jährigen an Wahlen oder Abstimmungen teil.

Neue Demokratie-Formate testen

Für viele Jugendliche und junge Erwachsene sind die gängigen Beteiligungs- und Partizipationsinstrumente unserer Demokratie nicht zugänglich oder attraktiv.[3] Der Zukunftsrat U24 soll dieser Situation entgegenwirken und jungen Menschen im Alter von 16 bis 24 Jahren eine politische Stimme verleihen. Mit dem Format Zukunftsrat können junge Menschen für sie wichtige Themen selbst in den gesellschaftlichen und politischen Diskurs einbringen.

Die rund 80 Teilnehmenden des Zukunftsrates U24 werden anhand eines mehrstufigen Losverfahrens zufällig bestimmt und stellen somit ein annähernd repräsentatives Abbild dieser Altersgruppe dar. Dadurch bilden die Mitglieder einen Querschnitt der jungen Bevölkerung in der Schweiz bezüglich Alter, Geschlecht, Wohnort, Aufenthaltsstatus, Bildungsstand, Beeinträchtigungen und politischer Einstellung. Dieses Auswahlverfahren ist das Herzstück des Zukunftsrates und ein klares Unterscheidungsmerkmal zu bestehenden Kinder- und Jugendparlamenten, bei denen die Zusammensetzung durch verschiedene, nicht-steuerbare Faktoren wie die Eigenmotivation, den Ausbildungsgrad oder weitere Privilegien bestimmt wird.

Auch beim Agenda-Setting bestimmen Jugendliche und junge Erwachsene mit und bringen für sie relevante Themen ein. Diese Anliegen werden durch die Trägerschaft des Zukunftsrates und eine diverse Themenkommission auf fünf Themenfelder heruntergebrochen. Schliesslich wird mithilfe einer schweizweiten repräsentativen Umfrage mit 20'000 Jugendlichen im Alter von 16 bis 24 Jahren aus diesen fünf Themen dasjenige

ausgewählt, über das der Zukunftsrat U24 deliberieren wird.

Zu diesem Themenfeld werden anhand einer bestimmten Fragestellung in einem deliberativen Prozess konkrete Vorschläge erarbeitet, die anschliessend an Verwaltung und Politik mit konkreten Handlungsempfehlungen übergeben werden. Es ist zentral, dass die erarbeiteten Resultate ernst genommen und gewürdigt werden.

Damit die erarbeiteten Ideen ihre Wirkung entfalten können, ist zukünftig eine starke Anbindung solcher Bürger:innenräte an die institutionelle Politik wünschenswert. Gerade in Zeiten von starker Polarisierung können Bürger:innenräte eine wichtige Ergänzung unserer demokratischen Strukturen sein.

1   Michael Fässler, Till Grünewald: *Generationen-Barometer 2023*. Berner Generationenhaus, Bern 2023, https://www.begh.ch/sites/default/files/2023-01/Generationenbarometer_2023_0.pdf (zuletzt abgerufen 4.4.2023).
2   Susanne Nef, Jasmin Gisiger, Olivia Frigo-Charles, Ethan Gertel, Michele Pizzera, Anna Suppa, Peter Streckeisen: *Politische Partizipationsformen und Motivation von Jugendlichen sich zu engagieren*. Beiträge zur Sozialen Sicherheit. Forschungsbericht Nr. 15/22. Bundesamt für Sozialversicherungen BSV, Bern 2022, https://ekkj.admin.ch/fileadmin/user_upload/ekkj/02pubblikationen/Berichte/d_22_rap_Politische_Partizipationsformen.pdf (zuletzt abgerufen 4.4.2023).
3   Dr. phil. Patrick Zamora, Carol Schafroth, Claudia Röder: *Die Politische Bildung in der Schweiz*. Anny-Klawa-Morf-Stiftung, Bern 2020, https://anny-klawa-morf.ch/wp-content/uploads/2020/09/AKM_Politische_Bildung_Web.pdf?fbclid=IwAR1zxdfktH-Lk9fr2cLpSIHWjLUMdetpVWHhefaMrfWUNVrL3su1n6mDzJc (zuletzt abgerufen 4.4.2023).

Fragen an Prof. Dr. Nenad Stojanović

Schwächt ein Zukunftsrat den National- und Ständerat?

Nein. Stellen wir uns vor, die Schweiz hätte einen Präsidenten, der alle Entscheidungen trifft. Die Schaffung eines Präsidiums von sieben Mitgliedern, wo jeder rotationsmässig während eines Jahres als *primus inter pares* Präsident sein darf, könnte man als eine klare «Schwächung» des Systems sehen. Das gleiche gilt, wenn danach dieses Präsidium die Macht mit einem Parlament teilen müsste. Umso mehr, wenn das Parlament nicht aus einer, sondern aus zwei gleichberechtigten Kammern bestehen würde! Und wenn das Volk ein Vetorecht auf die Entscheidungen des Parlaments hätte, wäre das die ultimative Schwächung der Institutionen. Was ich hiermit beschreibe, ist das politische System der Schweiz! Ich gehe davon aus, dass kaum jemand sagen würde, unser System sei «schwach». Also nein: Ein Bürgerrat bzw. Zukunftsrat würde das System nicht schwächen, sondern bereichern und damit auch (hoffentlich!) verbessern.

Aber wir müssen uns bewusst sein, dass in der Schweizer Politszene der Zukunftsrat einen schweren Stand haben wird – vor allem bei Parlamentarierinnen und Parlamentariern im Bundeshaus. Nicht alle, aber einige von ihnen werden befürchten, dass sie Macht einbüssen, obwohl die Vereinigte Bundesversammlung (bzw. das Volk, in Fällen, wenn das fakultative Referendum ergriffen wird) die gesetzgebende Instanz bleibt. Der Vorschlag stellt keine Konkurrenz dar zur Schweizer Politszene, sondern ergänzt sie.

Viele Menschen sind der Meinung:
Was die kleine Schweiz
im Umwelt- und Klimaschutz tut,
ist doch irrelevant.
Was meinen Sie dazu?

Gerade in der Umweltpolitik tendieren wir zur «Selbstverzwergung» und behaupten gerne, dass wir als «kleine» Schweiz ja sowieso nichts bewirken können bei der Bewältigung der Klimakrise. Es ist an der Zeit, dass wir dieses Selbstverständnis hinterfragen. Alle jene, die gerne behaupten, dass vor allem China, Indien und die USA etwas gegen den Klimawandel tun sollten, sei gesagt: Die Schweiz gehört zu den Top-20-Volkswirtschaften der Welt. Auch in Sachen Bevölkerungsgrösse reihen wir uns im europäischen Vergleich in der oberen Hälfte mit ein. Wir tragen die gleiche Verantwortung wie alle anderen grossen Industrieländer der Welt. Wir haben das Geld, die gut ausgebildeten Leute, die Technologie und die Infrastruktur, die es für eine nachhaltige

Klimapolitik braucht. Wir müssten eigentlich Avantgarde und nicht Mittelmass in Sachen Umweltpolitik sein.

Und übrigens, wenn ich an Wahlen und Abstimmungen teilnehme, ist meine Stimme für das Endergebnis in aller Regel nicht entscheidend. Trotzdem macht es für viele wie mich Sinn, wählen und abstimmen zu gehen.

Am Schluss haben wir doch einfach eine «Expertokratie»!

Dieses Risiko besteht nur, wenn wir glauben, auf die Krise der Demokratie sollten wir mit weniger statt mehr Demokratie reagieren. Ein Zukunftsrat hätte genau den gegenteiligen Effekt. Expertinnen und Experten wären gezwungen, verständlich zu kommunizieren und müssten im Austausch mit den Mitgliedern des Zukunftsrates gewissermassen aus dem «Elfenbeinturm» ausbrechen.

Schlussendlich gilt für den Zukunftsrat nichts anderes als für Parlamente und Regierungen: Wir alle können den Klimawandel nicht wirkungsvoll bekämpfen, ohne die elementaren wissenschaftlichen Erkenntnisse selbst zu verstehen.

Einfache Bürgerinnen und Bürger sind durch die komplexen Themen doch überfordert!

Die Bevölkerung als politische Laien in Sach- und Fachfragen abzutaxieren, ist gefährlich für jede Demokratie. Bürgerinnen und Bürger sind mit den heutigen Kommunikations- und Informationsmitteln kaum schlechter informiert als die meisten Parlamentarierinnen und Parlamentarier. Wir sind in der Schweiz demokratiegeübt und stimmen viermal jährlich teils über hoch komplexe Vorlagen ab. Will jemand der Bevölkerung die politische Lösungsfindung tatsächlich nicht zutrauen?

Natürlich – die Klimakrise überfordert uns derzeit alle. Aber die Überforderung zu konstatieren, ohne politisch zu handeln, ist nicht sehr zielführend.

Die Idee des Losverfahrens ist doch uralt, aber warum hat sie sich nie durchgesetzt?

Das 21. Jahrhundert scheint dafür reif zu sein, denn das Losverfahren setzt sich mehr und mehr durch – sei es in Irland, Deutschland, Belgien oder der Schweiz.

Aber die Frage ist berechtigt, warum einst das Los die demokratische Methode par excellence war und sich später die Vorstellung durchsetzte, die Legitimität der Herrscher brauche die Zustimmung der Herrschenden durch Wahlen. Sicherlich wollte man mit Wahlen auch eine gewisse Regierungskompetenz sicherstellen. Aber trotz heutigen hohen Bildungsniveaus sind viele Politikerinnen und

Politiker aktuell noch gegen das Los, weil sie es als «illegitim» sehen. Dazu muss ich sagen: Das ist eine sehr einseitige und simple Konzeption der Legitimität. Ein typischer Wähler bzw. eine Wählerin hat der Mehrheit der Parlamentsmitglieder gar nicht zugestimmt! Dazu kommt, dass jede Bürgerin und jeder Bürger zwar eine Stimme hat, aber nicht über dieselbe Chance verfügt, als Kandidatin oder Kandidat ins Parlament gewählt zu werden. Gewisse Gruppen – seien es Frauen oder alle, die sich keiner Partei anschliessen mögen, seien es Personen mit einem ausländisch klingenden Familiennamen oder ohne Hochschulabschluss – sind nachweislich in Parlamenten untervertreten. Ist das legitim? Das Losverfahren garantiert jeder Bürgerin und jedem Bürger genau die gleiche Chance, in einer Gemeinschaft zu politisieren.

Übrigens, eine Umfrage in der Stadt Sion weist nach, dass das Vertrauen der Bevölkerung in ein ausgelostes Gremium (*panel citoyen Demoscan*) in etwa ebenso stark ist wie das Vertrauen in ein Parlament. Das Vertrauen in demokratische Institutionen ist für Legitimitätsargumente ein ganz wesentlicher Aspekt.

Gerade bei Klimathemen hat sich doch gezeigt, dass die Bevölkerung oft weniger fortschrittlich ist als die politische Elite.

Diese These geht davon aus, dass die Bevölkerung bereits eine «pfannenfertige» Meinung zu Umweltthemen hat. Aber für komplexere Themen braucht jede und jeder von uns die Diskussion, die Deliberation, den Austausch mit Andersdenkenden. Die Idee, dass die «Elite» es besser weiss, ist aus demokratischer und auch aus empirischer Sicht nicht richtig.

Im 19. Jahrhundert hat die grosse Mehrheit der (männlichen) Eliten in Europa das Wahlrecht für alle Männer gebremst: In England zum Beispiel durften nur Männer mit einem gewissen Vermögen wählen. In der Schweiz haben noch vor der Gründung des Bundesstaates 1848 die Mehrheit der Kantone das allgemeine Wahlrecht der Männer eingeführt. Es gab allerdings Einschränkungen. Trotzdem gilt die Einführung des Prinzips des allgemeinen Wahlrechts für Männer in der Schweiz seit 1848 als Weltpremiere für das Wahlrecht auf nationaler Ebene. Im 20. Jahrhundert war aber die Schweiz viel zu spät mit der Einführung des Frauenstimmrechts. Vielleicht hätte das Deliberieren ausgeloster Bürgerinnen und Bürger im Rahmen eines Zukunftsrats das Schweizer Volk schneller und progressiver gemacht. Wer weiss! Und heute gibt es in vielen Westschweizer Kantonen, in Basel-Stadt, Appenzell-Ausserrhoden oder Graubünden lokale Stimmrechte für

Ausländerinnen und Ausländer, unabhängig davon, ob die Person aus Spanien, Bosnien oder aus dem Kongo stammt. In jedem dieser Fälle wurde das in Abstimmungen von einer Mehrheit gutgeheissen! Unsere EU-Nachbarländer hingegen gewähren den Ausländerinnen und Ausländern aus Nicht-EU-Staaten kein Stimmrecht.

Wiederwahlen sanktionieren die Leistungen der Parlamentarierinnen und Parlamentarier – wer kann aber eine allenfalls schlechte Arbeit der Bürgerinnen und Bürger im Zukunftsrat sanktionieren? Für ausgeloste Bürgerinnen und Bürger gibt es weder eine Wahl noch eine Wiederwahl. Die Mitgliedschaft im Zukunftsrat ist einmalig und zeitlich limitiert; es kommt hinzu, dass der Zukunftsrat über keine gesetzgeberischen Kompetenzen verfügt. Aus diesen Gründen ist die Parallele mit dem Parlament etwas schief. Und doch: gleichwohl verfügt die Bevölkerung über ein Sanktionsinstrument – Initiativen des Zukunftsrats, die nicht überzeugen, kann die Bevölkerung ablehnen.

Forts. auf S.105

«Wir brauchen Foren, wo medizinische, technische oder gesellschafts- politische Themen ohne Scheuklappen erörtert werden können.»

Interview S. 210

«Ich habe den Eindruck, dass zu- nehmend nur noch die Meinung der eigenen Bubble zählt.»

Interview S.148

« J'ai l'impression que de plus en plus, seule l'opinion de sa propre bulle compte. »

«Der Schlüssel liegt in den Städten. Wenn wir diese richtig planen, dann retten wir auch unsere Natur.»

Interview S. 146

Eine Vision?
Nein, ein Projekt!

Wir fordern, helvetisch bescheiden, ein bisschen mehr Demokratie.

Die politische Schweiz, wie wir sie heute kennen,
ist ein *work in progress* – kein geheiligter Endzustand.

Unsere Bundesverfassung ist das Ergebnis aus über 600 Volksabstimmungen.[21] Wir leben in einem politischen System, das sich stets weiterentwickelt, hin zu einer noch inklusiveren, demokratischeren Schweiz.

Die Verfassungsschöpfer von 1848 reagierten mit dem Repräsentationsprinzip auf die gesellschaftlichen Realitäten. Mit den Revisionen der Bundesverfassung von 1874 und 1891 wurden die Instrumente unserer halbdirekten Demokratie geschaffen.[22]

Das waren weitere Demokratisierungsschübe in der Schweizer Verfassungsgeschichte. 175 Jahre nach 1848 müssen wir den Ansprüchen der heutigen Zeit mit einem weiteren Demokratisierungsschub gerecht werden, indem wir eine repräsentative Auswahl von Bürgerinnen und Bürgern in den Prozess der Problemdefinition und der Lösungsfindung miteinbeziehen.

Die Schweiz ist heute vielfältiger als je zuvor in ihrer Geschichte, und es ist höchste Zeit, dass wir dafür sorgen, dass sich diese Vielfalt auch in der Politik stärker abbildet. Denn wenn mehr Leute mitreden können, wenn mehr

Menschen gemeinsam nach einer politischen Lösung streben, dann führt das zu besseren Entscheidungen für alle.

Das ist keine Vision. Das ist das exakte Gegenteil: ein Projekt. Und die Schweiz braucht ein Projekt.

Denn unsere Stellung in der Welt war vielleicht noch nie so prekär wie heute. Die geopolitische Nische, in der die Schweiz lange florierte – es gibt sie nicht mehr; es kann sie nicht mehr geben in einer Welt, in der Demokratien und Autokratien sich gegenüberstehen.

Auch innenpolitisch wächst die Verunsicherung. Der Vorrat an kulturellen Gemeinsamkeiten droht zunehmend zu erodieren. Auch hier gilt: *business as usual* ist keine Option mehr. Die Schweiz ist keine Plattform, sondern eine Gesellschaft, die vom Vertrauen der Bürgerinnen und Bürger in die Demokratie lebt. Deshalb ist die Schweiz besonders gefährdet, wenn wir der grassierenden Politikverdrossenheit nichts Konstruktives entgegensetzen. Aber im Umkehrschluss gilt auch: Die Schweiz ist besonders stark, wenn sie ihr kreatives demokratisches Potenzial ausschöpft.

Die Schweiz könnte – mit konkretem Handeln, nicht mit Rhetorik – beweisen, dass sich demokratische Strukturen erneuern lassen, dass der *common sense* eine vitale politische Kraft ist, auch und gerade in Zeiten von Ideologisierung und Symbolpolitik.

Um nochmals Max Imboden zu zitieren: «Das Wissen um die eigene Ordnung gehört zu den tragenden Kräften einer Volksherrschaft [...]. Die Demokratie ist ihrem Wesen nach die bewusste Staatsform.»[23]

Die «bewusste Staatsform» ist das Gegenteil einer Staatsform, die stur auf ihre absolute Unveränderbarkeit besteht.

Die «bewusste Staatsform» passt ihre Strukturen den gesellschaftlichen Realitäten an – und versucht nicht, die Realität in ihre Strukturen zu zwängen.

Wir sind nicht nur klimapolitisch an einem Kipppunkt angelangt, sondern auch demokratiepolitisch.

Die Schweiz ist bestens positioniert, um für beide Herausforderungen – den Klimawandel und die Demokratiemüdigkeit – gute Antworten zu finden.

Wir sollten neuen Diskussions- und Entscheidungsformen eine echte Chance geben.

Nachhaltige Anliegen würden durch einen Zukunftsrat stärker in den politischen Entscheidungsprozess einbezogen werden.

Wir haben eine Verantwortung gegenüber künftigen Generationen. So steht es in der Präambel unserer Bundesverfassung.

Endnoten

1   Max Imboden: «Helvetische Malaise», in: *Staat und Recht. Ausgewählte Schriften und Vorträge*, Basel und Stuttgart: Helbling & Lichtenhahn Verlag, 1964, S. 279.

2   R. S. Foa, A. Klassen, D. Wenger, A. Rand, M. Slade: *Youth and Satisfaction with Democracy: Reversing the Democratic Disconnect?*, Cambridge, UK: Centre for the Future of Democracy, 2020.

3   Vgl. Sean Coughlan: «Dissatisfaction with Democracy ‹at Record High›», https://www.bbc.com/news/education-51281722.

4   Geremy Remez: «Der Riese schrumpft: Warum der Aletschgletscher den Anwohnern Sorgen bereitet», in: *Aargauer Zeitung*, 17. August 2018; Sarah Achermann, Karina Liechti (2012), aktualisiert durch Jessica Oehler, Alessandra Lochmatter (2022): «Die Gletscher des Welterbes Jungfrau-Aletsch im Spiegel der Zeit (Einblicke – Ausblicke)», November 2022, in: *UNESCO-Welterbe Schweizer Alpen Jungfrau-Aletsch*, abrufbar unter: https://jungfraualetsch.ch/wp-content/uploads/2023/02/einblicke_ausblicke_gletscher_nov_2022_web.pdf (zuletzt abgerufen 31.5.2023).

5   Markus Atzl: «Wie wirkt sich die Gletscherschmelze weltweit aus?», Artikel von Greenpeace, 9. September 2022, https://www.greenpeace.de/klimaschutz/klimakrise/berge-eis-gletscher-schmelzen (zuletzt abgerufen 15.6.2023).

6   Vgl. Beitrag «Ist es zu spät für Klimasicherheit?» von Prof. Sonia Seneviratne in diesem Buch.

7   Vgl. ebd.

8   Vgl. easyvote-Politikmonitor 2022 , Bern, 16. November 2022.

9   Die Bezüge zugunsten der Parlamentsmitglieder für die Sessionen, die Kommissionssitzungstermine und anderes belaufen sich im Durchschnitt auf 145'000 CHF (Nationalrat) bzw. 155'000 CHF (Ständerat) pro Jahr. Hinzu kommen die honorierten Nebenbeschäftigungen und Mandate. Vgl. Bezüge der Ratsmitglieder unter: parlament.ch.

10   Daniel Bochsler, Regula Hänggli, Silja Häusermann: «Introduction: Consensus Lost? Disenchanted Democracy in Switzerland», in: *Swiss Political Science Review*, 21/2015, S. 475–490, https://doi.org/10.1111/spsr.12191; Silja Häusermann et al.: *Wählerschaft und Perspektiven der Sozialdemokratie in der Schweiz*, Basel: NZZ Libro, 2022.

11   Vgl. ebd.; *Politisches Profil der Schweizer Parteien*, Sotomo GmbH, Zürich, 2023, https://sotomo.ch/site/wp-content/uploads/2023/04/Auswertung-Parteiparolen-Sotomo.pdf (zuletzt abgerufen 15.6.2023).

12   Vgl. Abstimmungsvorlagen mit ökologischen Anliegen im weiteren Sinne ohne Zuspruch: eidg. Volksinitiative «Für sauberes Trinkwasser und gesunde Nahrung»; eidg. Volksinitiative «Für eine Schweiz ohne synthetische Pestizide»; eidg. Abstimmung über die Totalrevision des CO_2-Gesetzes; eidg. Volksinitiative «Für verantwortungsvolle Unternehmen»; eidg. Abstimmung zur Änderung des Bundesgesetzes über die Jagd und den Schutz wildlebender Säugetiere und Vögel; eidg. Volksinitiative «Zersiedelung stoppen» etc.

13   Gemäss easyvote-Politikmonitor 2022 , Bern, 16. November 2022, ist der Hauptgrund der Jugendlichen, nicht an Abstimmungen teilzunehmen, ihre Überzeugung, dass «Abstimmungsvorlagen Probleme nicht lösen».

14   Auskunft Bundesamt für Statistik: Ständige Wohnbevölkerung ab 18 Jahren mit Schweizer Staatsangehörigkeit in Privathaushalten nach Haushaltstyp und ausgewählten Merkmalen, 2020.

15   Bei den Nationalratswahlen 2023 treten die Nationalrätinnen Yvette Estermann und Ada Marra sowie Nationalrat Angelo Barrile nicht mehr an.

16   Sabine Kuster: «‹Ruhige Menschen haben es schwerer›, heisst es – doch die populärsten Leader sind introvertiert», in: *Aargauer Zeitung*, 20. Juni 2020; Susan Cain: *Quiet – the Power of Introverts in a World That Can't Stop Talking*. New York: Random House, 2012.

17   Alexis de Tocqueville: *De la démocratie en Amérique II*, zweiter Teil, Kapitel 17, Paris, 1840.

18   In der Schweiz ist die Debatte kürzlich im Rahmen der Abstimmung über die «Justiz-Initiative» geführt worden, die ein qualifiziertes Losverfahren für die Wahl der Bundesrichterinnen und -richter vorsah.

19   Richard Hofstadter: «The Paranoid Style in American Politics», in: *Harper's Magazine*, 11/1964.

20   Vgl. bspw. die Beiträge «Die irische Citizens' Assembly» oder «*Conseil citoyen*, Losverfahren, Deliberation» in diesem Buch.

21   Statistik zur Anzahl abgestimmter Vorlagen laut Bundesamt für Statistik, 2022: Seit 1848 wurde über 661 Vorlagen abgestimmt. Davon waren 229 Volksinitiativen, 207 fakultative Referenden und 241 obligatorische Referenden.

22   Mit der Totalrevision der Bundesverfassung (BV) 1874 wurde das fakultative Gesetzesreferendum eingeführt. Die Volksinitiative auf Partialrevision der BV wurde in der Volksabstimmung vom 5. Juli 1891 beschlossen (Inkrafttreten: 29. Juli 1891). Eine Volksinitiative auf Totalrevision hingegen kannte schon die BV 1848.

23   Max Imboden: «Helvetische Malaise», wie Anm. 1, S. 289.

«Absolut lachhaft ist auch, dass es keine Besteuerung des Kerosins für Fluggesellschaften gibt.»

Interview S.191

«Es ist schön zu sehen, wie schnell sich Jugendliche integrieren und an unsere Kultur anpassen können.»

Interview S.156

«Sehr gefährlich finde ich auch die Naivität und Bequemlichkeit von Europa.»

Interview S.176

«Die beiden jüngeren Enkelkinder betreue ich an zwei bis drei Tagen pro Woche, oft auch ‹all-inclusive›.»

Interview S.196

« Je m'occupe de mes deux petits-enfants les plus jeunes, deux à trois jours par semaine, souvent ‹ all-inclusive ›. »

Die konkrete Umsetzung

Vorschlag für einen Zukunftsrat auf Bundesebene

Wider die Zukunftsvergessenheit der Demokratie

Mit dem Zukunftsrat soll ein neues politisches Organ geschaffen werden, das die Berücksichtigung von Nachhaltigkeitsanliegen in der Politik fördert und institutionell verankert. In erster Linie soll dem fehlenden Zukunftsbewusstsein der Politik entgegengewirkt werden, denn Parlamentarierinnen und Parlamentarier, die sich vor Ablauf einer Legislaturperiode der Wiederwahl zu stellen haben, unterliegen dem Anreiz, die Kosten der Gegenwart zu externalisieren und in die Zukunft zu verschieben.[1]

Durch institutionelle Vorkehrungen können Nachhaltigkeitsanliegen gestärkt und ihnen im politischen Prozess zum Durchbruch verholfen werden.[2] Besonders dort, wo politische Systeme es nicht mehr schaffen, Probleme zu lösen, kann sich die partizipative Demokratie als erfolgreiches Modell erweisen.[3] Sie stärkt das Vertrauen in die Politik, erhöht die Entscheidungsqualität und wirkt unerwünschten Effekten entgegen: Einerseits besteht auf Bundesebene faktisch ein Berufsparlament. Andererseits ist die Bevölkerung im Parlament nicht adäquat vertreten, was zu Politikverdrossenheit der ausgeschlossenen Bevölkerungsgruppen führt.

Der Zukunftsrat auf Bundesebene

Zur Durchsetzung einer nachhaltigeren Politik wird vorgeschlagen, die aus National- und Ständerat bestehende Bundesversammlung durch einen Zukunftsrat zu ergänzen.[4] Der Zukunftsrat unterscheidet sich in verschiedener Hinsicht allerdings deutlich von ersterer. So ist er ein von Bundesversammlung und -rat unabhängiges politisches Organ.

Der Zukunftsrat soll zum einen die Bevölkerungsstruktur abbilden und zum anderen verhindern, dass Ratsmitglieder denselben Anreizen zur Zukunftsvergessenheit unterliegen wie gewählte Politikerinnen und Politiker. Deshalb werden die 100 Mitglieder des Zukunftsrats in einem zweistufigen Losverfahren ermittelt. In einem ersten Schritt soll eine bestimmte Anzahl Personen zufällig ausgewählt und zur Mitwirkung im Zukunftsrat eingeladen werden. Nur wer die Einladung innerhalb einer bestimmten Frist annimmt und damit seinen Willen zur Teilnahme bekundet, nimmt am Losverfahren teil. Vor der Auslosung werden die Personen nach Alter, Wohnort, Geschlecht, sozialem Status und Bildungsstand eingeteilt. Diese Kriterien werden bei der Auslosung der Mitglieder mittels Quoten berücksichtigt, damit alle Bevölkerungsgruppen und -schichten angemessen im Zukunftsrat vertreten sind.

Die Amtszeit der Mitglieder beträgt sechs Jahre. So haben die Mitglieder ausreichend Zeit, sich in die Ratstätigkeit und seine Beratungsgegenstände einzuarbeiten und ihre Anliegen einzubringen. Um die Mitglieder vor Beeinflussung durch Dritte zu schützen, gibt es keine Möglichkeit für eine zweite Amtszeit. Alle zwei Jahre soll zudem ein Drittel der Mitglieder ersetzt werden. Diese überlappenden Amtszeiten sorgen dafür, dass die dienstälteren Mitglieder die Neumitglieder einarbeiten und ihre Erfahrungen weitergeben können.

Schliesslich darf der Zukunftsrat auf das Fachwissen von Expertinnen und Experten zurückgreifen. So wie die Mitglieder des Zukunftsrats werden auch die Fachkundigen in einem Losverfahren bestimmt, damit alle wissenschaftlichen Perspektiven eingebracht werden. Sie sollen den Zukunftsrat inhaltlich in die Beratungsgegenstände einführen, Abklärungen vornehmen und für inhaltliche Fragen zur Verfügung stehen.

Um Nachhaltigkeitsanliegen im politischen Prozess effektiv einzubringen, stehen dem Zukunftsrat zwei verschiedene Instrumente zur Verfügung: Erstens besitzt der Zukunftsrat ein Vetorecht gegenüber allen dem fakultativen Referendum unterstehenden Akten der Bundesversammlung. Dieser Begriff umfasst gemäss Art. 141 Abs. 1 BV neben Bundesgesetzen auch Bundesbeschlüsse und den Abschluss völkerrechtlicher Verträge. Das Vetorecht gibt dem Zukunftsrat die Möglichkeit, diese Akte der Bundesversammlung zu stoppen oder zumindest für eine bestimmte Frist aufzuschieben. In der Konsequenz erhält die Bundesversammlung damit einen Anreiz, Nachhaltigkeitsfolgen und -anliegen in der Gesetzgebung vermehrt zu berücksichtigen, um ein Veto des Zukunftsrats zu verhindern. Die Bundesversammlung hätte jedoch die Möglichkeit, ein allfälliges Veto des Zukunftsrates mit dem in Art. 159 Abs. 3 BV vorgesehenen höheren Quorum der Mehrheit der Mitglieder beider Räte zu überstimmen. So bleibt die Entscheidungsmacht vollständig bei der Bundesversammlung, während gleichzeitig sichergestellt wird, dass nicht nachhaltige Anliegen von einem breiten politischen Konsens getragen werden. Zweitens hat der Zukunftsrat die Möglichkeit, Verfassungsrevisionen zu initiieren und Volk und Ständen zur Abstimmung zu unterbreiten. Hiermit kann der Zukunftsrat seine Vorschläge zur öffentlichen Diskussion und Abstimmung stellen. Auch mit diesem Instrument erhält der Zukunftsrat keine Entscheidungsmacht, da jede Verfassungsänderung von Volk und Ständen beschlossen werden muss.

Es wird angeregt, dass der Zukunftsrat sich nach seiner Konstituierung zuerst mit der Umsetzung einer nachhaltigen Klimapolitik befasst. Ansonsten bestimmt der Zukunftsrat seine Beratungsgegenstände selbst und verfügt über ein eigenes Budget. Dadurch ist er den kurzfristigen Anreizen des politischen Systems und auch einer Kontrolle durch dieses entzogen.

Endnoten

1   Bernward Gesang: «Is Democracy an Obstacle to Ecological Change?», in: Dieter Birnbacher, May Torseth (Hrsg.): *The Politics of Sustainability. Philosophical Perspectives*, London/New York: Routledge, 2015, S. 53 ff.
2   Klaus Mathis: *Nachhaltige Entwicklung und Generationengerechtigkeit. Eine interdisziplinäre Studie aus rechtlicher, ökonomischer und philosophischer Sicht*, Tübingen: Mohr Siebeck, 2017, S. 613.
3   Vgl. Hans Christoph Binswanger: *Vorwärts zur Mäßigung. Perspektiven einer nachhaltigen Wirtschaft*, 2. Aufl., Hamburg: Murmann, 2009, S. 211 f.; Eckard Rehbinder: «Zukunftsverantwortung und Rechtsordnung», in: Carl Friedrich Gethmann, Jürgen Mittelstraß (Hrsg.): *Langzeitverantwortung. Ethik – Technik – Ökologie*, Darmstadt: Wissenschaftliche Buchgesellschaft, 2008, S. 138.
4   Vgl. hierzu auch Robert Unteregger: «Wie wird Langzeit-orientierte Politik institutionell möglich?», in: Beat Sitter-Liver (Hrsg.): *Herausgeforderte Verfassung: die Schweiz im Globalen Kontext*, Freiburg i. Ü.: Universitätsverlag Freiburg Schweiz, 1999, S. 612.

Synopsis: Zukunftsrat

Einbettung des Zukunftsrates in das politische System

- Institutionalisiertes politisches Organ
- Ergänzung der Bundesversammlung als dritte Parlamentskammer
- Aufgaben:
    - Förderung einer nachhaltigen Politik
    - Korrektur der politischen Fehlanreize zu einer kurzfristig orientierten Politik

Befugnisse des Zukunftsrates

- Vetorecht gegen dem fakultativen Referendum unterstehende Akte der Bundesversammlung (vgl. Art. 141 Abs. 1 BV) und vom Parlament initiierte Verfassungsrevisionen; kann von Bundesversammlung mit der Mehrheit beider Räte überstimmt werden
- Vorschlag von Verfassungsänderungen (Zustimmung von Volk und Ständen erforderlich für Inkrafttreten)

Zusammensetzung des Zukunftsrates

- Mitglieder: 100 Bürgerinnen und Bürger
- Ziel: Zukunftsrat soll Bevölkerung möglichst genau abbilden
- Auswahl der Mitglieder in zweistufigem Losverfahren:
    - 1. Stufe: Einladung zufällig ausgewählter Personen zur Mitwirkung im Zukunftsrat
    - 2. Stufe: Auslosung der interessierten Personen unter Berücksichtigung von Quoten bezüglich Alter, Wohnort, Geschlecht, Bildungsstand, finanzieller Situation und ethnischer Zugehörigkeit
- Amtszeit: sechs Jahre, ohne Möglichkeit auf eine zweite Amtszeit
- Überlappende Amtszeiten: Alle zwei Jahre wird ein Drittel der Mitglieder des Zukunftsrates ersetzt.

Unabhängigkeit des Zukunftsrates

- Zukunftsrat bestimmt seine Beratungsgegenstände selbstständig
- Ausstattung mit festem und langfristigem Budget im Staatshaushalt
- Mitglieder des Zukunftsrats werden mit einem Honorar entschädigt

Leitung und Beratung des Zukunftsrates

- Leitung des Zukunftsrates durch dienstältere Mitglieder
- Unterstützung durch neutrale Expertinnen und Experten, insbesondere:
    - Einführung in politische Prozesse und Verfahren im Zukunftsrat
    - Inhaltliche Einführung des Zukunftsrates in die Beratungsgegenstände
    - Vornahme von Abklärungen für den Zukunftsrat und seine Mitglieder
    - Beantwortung von Fragen

Verfassungsänderung mit Erläuterungen

ART. 143	**Wählbarkeit**
2	In den Zukunftsrat können alle Stimmberechtigten Einsitz nehmen.

Erläut.: Der Zukunftsrat bindet das Stimmvolk stärker in den politischen Prozess ein. Es sollen bewusst nur Stimmberechtigte darin Einsitz nehmen können. Die Erweiterung der politischen Rechte auf andere Gruppen wäre eine separate Frage, die mit dem Zukunftsrat nicht aufgegriffen werden soll.

ART. 144	**Unvereinbarkeiten**
1	Die Mitglieder des Nationalrates, des Ständerates, des Zukunftsrates, des Bundesrates sowie die Richterinnen und Richter des Bundesgerichts können nicht gleichzeitig einer anderen dieser Behörden angehören.

Erläut.: Die Erweiterung der Unvereinbarkeit auf den Zukunftsrat verhindert allfällige Interessens- und Loyalitätskonflikte seiner Mitglieder. Im Falle einer Unvereinbarkeit muss sich die betreffende Person für eines der Ämter entscheiden.

ART. 145 **Amtsdauer**

Die Mitglieder des Nationalrates und des Bundesrates sowie die Bundeskanzlerin oder der Bundeskanzler werden auf die Dauer von vier Jahren gewählt. Für die Mitglieder des Zukunftsrates sowie die Richterinnen und Richter des Bundesgerichts beträgt die Amtsdauer sechs Jahre.

Erläut.: Die Amtszeit der Mitglieder beträgt sechs Jahre. So wird sichergestellt, dass die Mitglieder ausreichend Zeit haben, sich in die Versammlungstätigkeit und die Beratungsgegenstände des Zukunftsrates einzuarbeiten, ihre Anliegen einzubringen und umzusetzen. Die sechsjährige Amtszeit ohne Möglichkeit zur Wiederwahl ist hierzu wichtig. Sie stärkt die Unabhängigkeit der Mitglieder, indem sie ihnen genügend Zeit gewährt, ihre Anliegen langfristig umzusetzen und weil kein Wiederwahldruck besteht. Zudem können die dienstälteren Mitglieder jeweils nach zwei Jahren ihre Erfahrungen an die Neumitglieder weitergeben.

ART. 148 **Stellung**

3   Der Zukunftsrat wacht über die Nachhaltigkeit der Geschäfte der Bundesversammlung und berücksichtigt dabei insbesondere die Interessen künftiger Generationen.

Erläut.: Mit dem Zukunftsrat wird eine politisch unabhängige Parlamentskammer geschaffen. Der Zukunftsrat kann seine Beratungsgegenstände selbst bestimmen und seine Ressourcen für diejenigen Themen verwenden, die von ihm als wichtig erachtet werden. Zudem ist der Zukunftsrat mit einem festen und langfristigen Budget ausgestattet. So wird gewährleistet, dass der Zukunftsrat finanziell und politisch unabhängig ist.

Die institutionelle Verankerung gewährleistet die notwendige Unabhängigkeit von anderen politischen Institutionen und privaten Interessengruppen. Die Einzelheiten sollen auf Gesetzesstufe geregelt werden.

ART. 150a	Zusammensetzung des Zukunftsrates
1	Der Zukunftsrat besteht aus 100 Mitgliedern.
2	Die Mitglieder werden im Losverfahren bestimmt. Das Losverfahren ist so auszugestalten, dass die Stimmberechtigten repräsentativ vertreten sind.
3	Alle zwei Jahre wird ein Drittel der Mitglieder erneuert. Mitglieder und ehemalige Mitglieder des Zukunftsrates können nicht am Losverfahren teilnehmen.

Erläut.: Der Zukunftsrat bindet die Bürgerinnen und Bürger direkt in den politischen Prozess ein und entwickelt deswegen in der Bevölkerung breit abgestützte und nachhaltige Lösungen.

Das Losverfahren stellt sicher, dass die Bevölkerung möglichst gut im Zukunftsrat abgebildet wird. Aus diesem Grund ist das Losverfahren zweistufig auszugestalten. In einem ersten Schritt wird eine bestimmte Anzahl Personen zufällig ausgewählt und zur Mitwirkung am Losverfahren eingeladen. Nur wer diese Einladung annimmt, kann am Losverfahren teilnehmen. Vor der Auslosung werden die Personen nach Alter, Wohnort, Geschlecht, Bildungsstand und finanzieller Situation eingeteilt, damit diese Kriterien bei der Auslosung berücksichtigt werden können.

Die Mitglieder des Zukunftsrates werden für ihre Mitwirkung mit einem Honorar entschädigt. Das Honorar schützt die Unabhängigkeit der Mitglieder des Zukunftsrates und verhindert, dass weniger wohlhabende Bürgerinnen und Bürger aus rein finanziellen Gründen von der Mitwirkung im Zukunftsrat absehen.

Der Zukunftsrat setzt sich aus 100 Mitgliedern zusammen. So besitzt er ausreichend Ressourcen, um mehrere Themen gleichzeitig zu vertiefen. Dazu kann der Zukunftsrat nach Art. 153 BV auch Kommissionen bilden.

Alle zwei Jahre wird ein Drittel der Mitglieder des Zukunftsrates erneuert. Diese überlappenden Amtszeiten ermöglichen es, dass die dienstälteren Mitglieder die Neumitglieder einarbeiten und ihnen ihre Erfahrungen weitergeben können. Gleichzeitig soll die Stabilität des Zukunftsrats gewährleistet werden, indem ein vollständiger Wechsel alle sechs Jahre vermieden wird.

ART. 151		**Sessionen**
	2	Ein Viertel der Mitglieder des Nationalrates oder Ständerates oder der Bundesrat können die Einberufung von National- und Ständerat zu einer ausserordentlichen Session verlangen.

ART. 155		**Parlamentsdienste**
	1	Die Bundesversammlung und der Zukunftsrat verfügen über Parlamentsdienste. Sie können Dienststellen der Bundesverwaltung beiziehen. Das Gesetz regelt die Einzelheiten.
	2	Der Zukunftsrat wird durch ein Expertengremium unterstützt.

Erläut.: Der Zukunftsrat muss auf das Fachwissen von Expertinnen und Experten zugreifen können. Expertinnen und Experten erhöhen die Entscheidungsqualität deutlich, da es sich bei den Mitgliedern des Zukunftsrates oftmals um politische Laien handelt. Deshalb sollen ausreichend Ressourcen zur Unterstützung der Mitglieder des Zukunftsrats zur Verfügung stehen.

Die Expertinnen und Experten führen den Zukunftsrat inhaltlich in die Beratungsgegenstände ein, nehmen Abklärungen vor und stehen den Mitgliedern und Kommissionen für inhaltliche Fragen zur Verfügung. Gleichzeitig muss verhindert werden, dass eine Beeinflussung durch die Expertinnen und Experten stattfindet.

Um sicherzustellen, dass alle wissenschaftlichen Perspektiven eingebracht werden, und um die Neutralität der Expertinnen und Experten zu wahren, werden diese ebenfalls in einem zweistufigen Losverfahren bestimmt.

Hier ist im Rahmen der Umsetzung der BV-Bestimmungen eine detaillierte Regelung auf Gesetzesstufe notwendig.

ART. 156 — **Getrennte Verhandlung**

1	Nationalrat, Ständerat und Zukunftsrat verhandeln getrennt.
2	Für Beschlüsse der Bundesversammlung ist die Übereinstimmung von Nationalrat und Ständerat erforderlich.
3	Das Gesetz sieht Bestimmungen vor, um sicherzustellen, dass bei Uneinigkeit von Nationalrat und Ständerat Beschlüsse zu Stande kommen über:
a.	die Gültigkeit oder Teilungültigkeit einer Volksinitiative;
b.	die Umsetzung einer vom Volk angenommenen Volksinitiative in Form der allgemeinen Anregung;
c.	die Umsetzung eines vom Volk gutgeheissenen Bundesbeschlusses zur Einleitung einer Totalrevision der Bundesverfassung;
d.	den Voranschlag oder einen Nachtrag.

Erläut.: Der Zukunftsrat ist nicht Teil der Bundesversammlung, sondern stellt eine zusätzliche, unabhängige Kammer dar. Folglich muss der Zukunftsrat im Gegensatz zu National- und Ständerat nicht zu jedem Bundesgeschäft beraten. Der Zukunftsrat kann seine Ressourcen damit auf die von ihm als wichtig erachteten Geschäfte konzentrieren.

ART. 159		Verhandlungsfähigkeit und erforderliches Mehr
1		Die Räte können gültig verhandeln, wenn die Mehrheit ihrer Mitglieder anwesend ist.
2		In allen Räten und in der Vereinigten Bundesversammlung entscheidet die Mehrheit der Stimmenden.
3		Der Zustimmung der Mehrheit der Mitglieder von Nationalrat und Ständerat bedürfen jedoch:
	a.	die Dringlicherklärung von Bundesgesetzen;
	b.	Subventionsbestimmungen sowie Verpflichtungskredite und Zahlungsrahmen, die neue einmalige Ausgaben von mehr als 20 Millionen Franken oder neue wiederkehrende Ausgaben von mehr als 2 Millionen Franken nach sich ziehen;
	c.	die Erhöhung der Gesamtausgaben bei ausserordentlichem Zahlungsbedarf nach Artikel 126 Absatz 3;
	d.	das Überstimmen eines Vetos des Zukunftsrates.

Erläut.: Der Zukunftsrat trifft seine Entscheidungen mit der Mehrheit der Stimmenden. Zu den Befugnissen des Zukunftsrates siehe Erläuterung zu Art. 160a BV.

Sofern der Zukunftsrat von seinem Vetorecht Gebrauch macht, steht der Bundesversammlung die Möglichkeit offen, dieses Veto zu überstimmen. Damit verbleibt die Entscheidungsgewalt bei der Bundesversammlung.

Um sicherzustellen, dass nichtnachhaltige Anliegen von einer qualifizierten Mehrheit getragen werden, ist dafür allerdings mit der Zustimmung der Mehrheit der Mitglieder beider Räte ein höheres Quorum erforderlich.

ART. 160	Initiativrecht und Antragsrecht in Nationalrat und Ständerat
1	Jedem Mitglied des Nationalrates oder Ständerates, jeder Fraktion, jeder parlamentarischen Kommission des Nationalrates oder Ständerates und jedem Kanton steht das Recht zu, der Bundesversammlung Initiativen zu unterbreiten.
2	Die Mitglieder des Nationalrates oder Ständerates und der Bundesrat haben das Recht, zu einem in Beratung stehenden Geschäft Anträge zu stellen.

ART. 160a	Initiativrecht und Vetorecht des Zukunftsrates
1	Der Zukunftsrat hat das Recht, Volk und Ständen Änderungen der Bundesverfassung vorzuschlagen.
2	Der Zukunftsrat kann gegen die dem obligatorischen und fakultativen Referendum unterstehenden Beschlüsse der Bundesversammlung das Veto ergreifen. Das Veto des Zukunftsrates kann von der Bundesversammlung überstimmt werden.
3	Jedem Mitglied des Zukunftsrates steht das Recht zu, dem Zukunftsrat Initiativen zu unterbreiten und zu einem in Beratung stehenden Geschäft Anträge zu stellen.

Erläut.: Dem Zukunftsrat sollen zwei Instrumente zur Verfügung stehen, um Nachhaltigkeitsanliegen effektiv in den politischen Prozess einzubringen.

Erstens hat der Zukunftsrat das Recht, Verfassungsrevisionen zu initiieren und diese dem Volk und den Ständen zur Abstimmung zu unterbreiten. Der Zukunftsrat kann so Themen auf die politische Agenda setzen. Das letzte Wort zu jeder Verfassungsänderung verbleibt bei Volk und Ständen.

Zweitens hat der Zukunftsrat ein Vetorecht gegenüber den dem obligatorischen und fakultativen Referendum unterstehenden Akten der Bundesversammlung. Dieser Begriff umfasst nach Art. 140 Abs. 1 BV u. a. auch Änderungen der Bundesverfassung und den Beitritt zu supranationalen Organisationen. Ausserdem werden gemäss Art. 141 Abs. 1 BV neben dem Beschluss von Bundesgesetzen auch Bundesbeschlüsse und der Abschluss völkerrechtlicher Verträge erfasst. Mit dem Vetorecht kann der Zukunftsrat solche Beschlüsse der Bundesversammlung stoppen oder zumindest für eine bestimmte Frist aufschieben. Denn die Bundesversammlung kann das Veto des Zukunftsrats mit der Mehrheit der Mitglieder von Nationalrat und Ständerat aufheben (siehe Art. 159 Abs. 3 lit. d. BV). Folglich setzt das Vetorecht des Zukunftsrates der Bundesversammlung einen Anreiz, Nachhaltigkeitsfolgen und -anliegen zu berücksichtigen, um ein Veto zu verhindern. Zudem stellt das Quorum, das für das Überstimmen des Vetos notwendig ist, sicher, dass nichtnachhaltige Anliegen von einer klaren Mehrheit getragen werden.

Jedes Mitglied des Zukunftsrates hat das Recht, dem Zukunftsrat Initiativen zu unterbreiten oder zu seinen Geschäften Anträge zu stellen.

ART. 161		Instruktionsverbot
	1	Die Mitglieder der Bundesversammlung und des Zukunftsrates stimmen ohne Weisungen.

ART. 162		Immunität
	1	Die Mitglieder der Bundesversammlung, des Zukunftsrates und des Bundesrates sowie die Bundeskanzlerin oder der Bundeskanzler können für ihre Äusserungen in den Räten und in deren Organen rechtlich nicht zur Verantwortung gezogen werden.

ART. 165		**Gesetzgebung bei Dringlichkeit**
	1	Ein Bundesgesetz, dessen Inkrafttreten keinen Aufschub duldet, kann von der Mehrheit der Mitglieder von Nationalrat und Ständerat dringlich erklärt und sofort in Kraft gesetzt werden. Es ist zu befristen.

ART. 197	**Übergangsbestimmungen nach Annahme der Bundesverfassung vom 18. April 1999**
	Die ersten drei Jahre nach seiner Konstituierung befasst sich der Zukunftsrat vornehmlich mit der Umsetzung einer nachhaltigen Klimapolitik.

Interviews mit Schweizerinnen und Schweizern

Basierend auf den Kriterien Alter, Geschlecht, Sprachgebiet, Ausbildungs-
stand und Siedlungstyp des Wohnorts repräsentieren die hier
ausgewählten Personen die ständige Wohnbevölkerung ab 18 Jahren mit
Schweizer Staatsangehörigkeit (Bundesamt für Statistik).

Jacqueline André

92, Lausanne (VD), Rentnerin, verwitwete Hausfrau, drei Kinder, neun Enkel- und bald 19 Urenkelkinder, Hobbys: Scrabble und Kochen.

Was bereitet Ihnen Sorgen, wenn Sie die Welt und die Schweiz betrachten?

Sorgen bereiten mir derzeit meine Augen – das eine ist kaputt, das andere will nicht mehr so recht. Aber das sind ja keine richtigen Sorgen. Wir sind derart verwöhnt in der Schweiz, wir haben sowieso kein Anrecht darauf, uns über irgendetwas zu beklagen.

Auch mit der Politik sind Sie mehr oder weniger zufrieden?

Schauen Sie, wir leben hier im Schlaraffenland. Mir als älterer, nicht mehr ganz rüstiger Frau wird sogar das Taxi bezahlt. Ich finde, unsere Behörden werden viel zu oft kritisiert und zu wenig gelobt. Sogar in der Bibel steht, man soll für die Obrigkeiten beten!

Wie hat sich die Welt in den letzten 90 Jahren verändert?

Als ich acht Jahre alt war, brach der Krieg aus. Wir lebten damals in einem Bergdorf in Frankreich, wo sich viele Menschen versteckten. Doch die Deutschen kamen und durchsuchten alles. Und wen sie fanden, hängten sie auf. Wir arbeiteten als Bauern und mussten Tag und Nacht schuften, damit es im Dorf zu essen gab und nicht noch mehr Menschen verhungerten. Das klingt schlimm, doch wir waren glückliche Kinder, obwohl wir wenig hatten. Heute besitzen die Kleinen alles, doch sie sind unglücklich, weil die Nachbarskinder noch mehr haben. Wir verwöhnen sie zu sehr!

Sie verwöhnen Ihre Enkel und Urenkel nie?

Erwischt (*lacht*).

Gibt es etwas, dass Sie in Ihrem Leben bereuen?

Ich war nie krank, habe mir nie etwas gebrochen, hatte keine einzige Operation. Meinen Mann Henri heiratete ich mit 20 und wir durften gemeinsam alt werden, bis er vor fünf Jahren verstarb. Ich habe drei Kinder, neun Enkel und bald 19 Urenkel und alle kümmern sich rührend um mich. Ich spiele Scrabble, bin Mitglied in zwei Clubs und nehme an Turnieren teil. Und ich koche gerne. Ich wüsste wirklich nicht, was es da zu bereuen gäbe.

Dass das Klima immer wärmer wird – beschäftigt Sie das?

Ich bin 92 Jahre alt und habe mit dem Leben so gut wie abgeschlossen. Um mich sorge ich mich nicht. Aber meine Kinder, Enkel und Urenkel werden darunter leiden, das stimmt mich schon traurig. Und man kann fast nichts dagegen tun.

Haben Sie genügend Geld zum Leben?

Ich beziehe die AHV und die reicht ganz gut. Mein Leben lang wirtschaftete ich sparsam, trank den Kaffee immer zu Hause und nicht im Wirtshaus. Ausserdem bezahle ich wenig Miete. Es gibt viele Menschen, denen es weniger gut geht als mir.

Haben Sie noch einen Wunsch offen im Leben?

Ich hoffe, ich werde nicht leiden, wenn es so weit ist, und sanft entschlafen.

Roman Winiger

50, La Chaux-de-Fonds (NE), selbstständiger Uhrmacher und Bierbrauer, ledig, engagiert sich für das gesellschaftliche Zusammenleben in der Stadt.

Was bereitet Ihnen Sorgen, wenn Sie die Welt und die Schweiz betrachten?

Unser Umgang mit der Natur: die Ressourcenverschwendung, das Littering, der motorisierte Individualverkehr, im kleinen und im grossen Rahmen. Besonders bedenklich finde ich auch die subtile Einsamkeit auf der Welt, obwohl wir vernetzt sind wie noch nie. Wie «einsam» abgeschnitten muss man von sich selbst und seiner Umgebung sein, damit man zum Beispiel seinen Müll einfach liegen lässt?

Wie liesse sich der Zusammenhalt fördern?

Indem wir mit mehr Bezug zu unserer direkten Umgebung leben. Das fängt bei uns selbst an. Und indem wir die Pendelei verringern, diese unnötige Hetzerei und Lärmquelle. Als Uhrmacher weiss ich: Zeit zu haben, ist so wertvoll. Weniger Alltagsmobilität bedeutet weniger Stress, mehr Zeit für sich und andere.

Wie kann die Politik dazu beitragen?

Das weiss ich nicht, aber ich denke, es braucht multifunktionale Nachbarschaften mit einem intensiven Innenleben: Wohnen, Arbeiten, Produktion, Einkaufen, Essen, Unterhaltung sollten wieder vermehrt in unmittelbarer Nähe stattfinden können. Zentrale Voraussetzungen dafür sind fussgängerfreundlichere Raumplanungs- und Verkehrskonzepte und bezahlbarer Wohnraum. Die Ideen des Vereins Neustart Schweiz beflügeln mich sehr.

Sie bezeichnen sich selbst als *citoyen engagé* – als engagierten Mitbürger – und sind in verschiedenen gesellschaftlichen Projekten aktiv. Warum gehen Sie nicht in die Politik?

Sie ist mir zu träge, und die Eigeninteressen sowie die Profilierungssucht, die häufig im Vordergrund stehen, sind mir zu anstrengend. Dazu kommt der Frust, dass die Debatten sehr oft mit einem Kompromiss enden, mit dem das Thema zwar abgehakt, aber niemand richtig glücklich ist. Stattdessen sollten wir versuchen, uns auf die Bedürfnisse der Bevölkerung zu konzentrieren und auf die Frage, wie wir dafür einen gemeinsamen Nenner finden. Ein Bürger:innenrat mit lobbyunabhängigen Menschen wäre bestimmt ein guter Anfang und könnte mich der «institutionellen Politik» näherbringen.

Sie selbst leben in La Chaux-de-Fonds, wo Anfang des 20. Jahrhunderts mehr als die Hälfte der weltweit verkauften Uhren produziert wurde. Hat sich die Stadt von der schweren Uhrenkrise der 1970er-Jahre erholt?

Diese Uhrenkrise liegt weit hinter anderen Krisen zurück, es wurde viel renoviert und in den öffentlichen Raum investiert. Als ich 1994 hierherkam, war die Stadt in meinen Augen grau, und viele wollten nur noch weg von hier. Jetzt ist es wieder *the place to be*, auf jeden Fall für jene, die hier arbeiten können und mit den hohen Steuern klarkommen. Wir dürfen uns noch glücklich schätzen, dass Wohnraum einfach verfügbar und günstig ist. Die Spekulation hält aber auch hier Einzug.

Was ist das grosse Plus der Stadt?

Allein durch die geringe Grösse gibt es hier automatisch die erwähnte nachbarschaftliche Infrastruktur, alles ist in Gehdistanz. Und weil der Kostendruck geringer ist als in Ballungszentren, lassen sich auch einfacher Projekte realisieren. Ich selbst habe beispielsweise das Open-Source-Projekt *openmovement* für Uhrwerke aufgebaut. Und auch die lokale, ökologische Brauerei La Comète, wo wir die gebrauchten Flaschen waschen und beim Transport aufs Auto verzichten.

Sie haben keine Kinder. Ärgern Sie sich manchmal, dass Sie Familien mitfinanzieren müssen, und sehen Sie die Solidarität der Kinderlosen gar zunehmend infrage gestellt?

Ich finde Kinder wichtig, und es gibt viele in meinem Umfeld. Auch wenn mich die Eltern und ihr Getue oft nerven, bin ich gerne mit ihnen solidarisch. Zudem sollten wir den Kindern in der Städteplanung viel mehr Platz einräumen. Ob generell die Solidarität der Kinderlosen mit den Eltern oder Familien bröckelt, kann ich nicht beurteilen. Aber ich bin überzeugt: Auch hier sollten wir daran denken, was die Gesellschaft lebendig macht und den Zusammenhalt fördert.

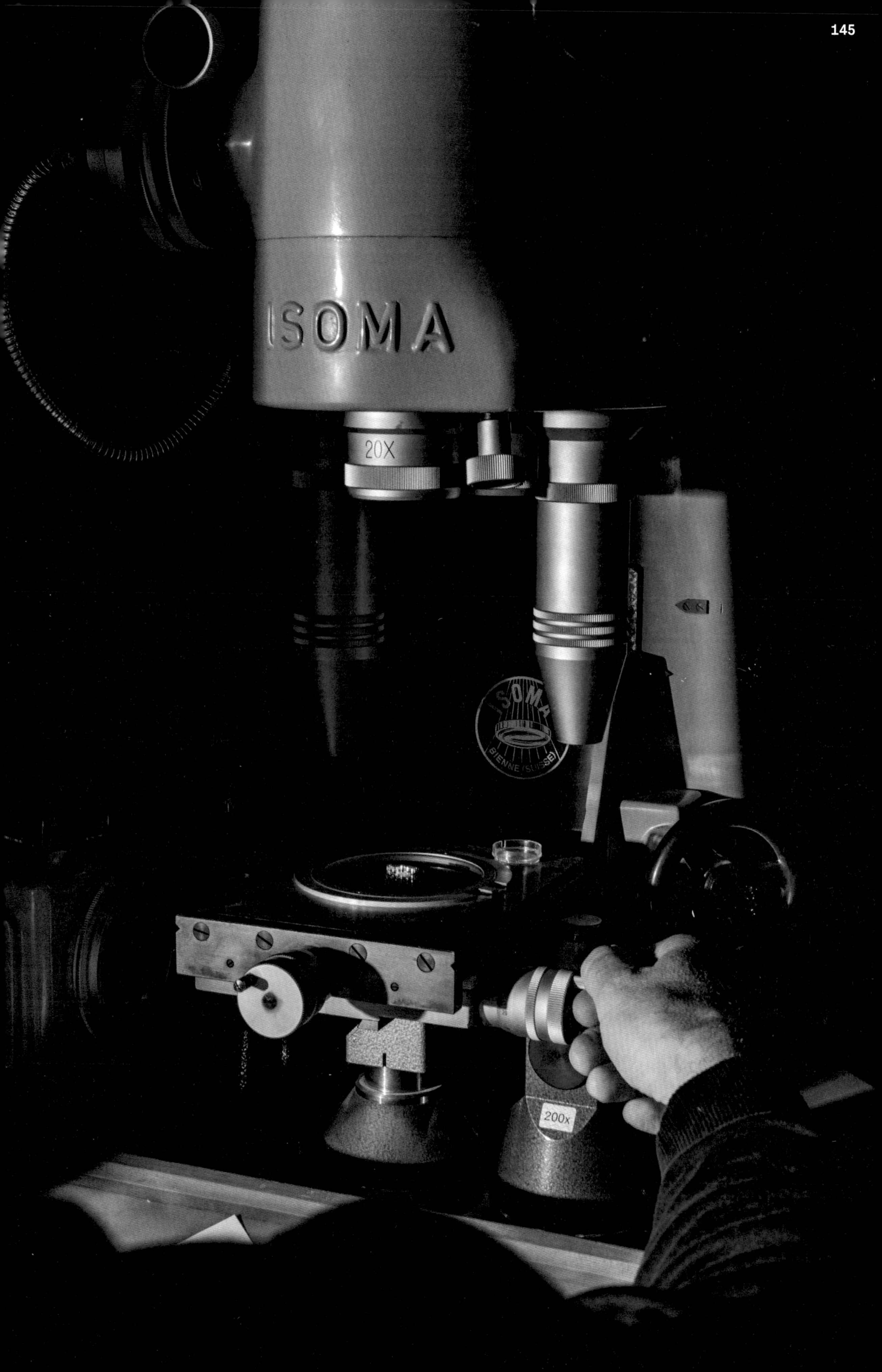
ISOMA
20X
ISOMA
BIENNE (SUISSE)
200x

Olga Bolshanina

40, Basel (BS), Architektin, ledig, lebte bis zum 19. Lebensjahr in Sibirien, dann kam sie fürs Studium an die EPFL und wurde Schweizerin.

Was bereitet Ihnen Sorgen, wenn Sie die Welt und die Schweiz betrachten?

Der Krieg in der Ukraine und dessen schreckliche Folgen. Ich fürchte die Teilung der Welt in ein demokratisches und autoritäres Lager und den Aufstieg von rechtsextremen Parteien in Europa. Und dass wir infolge der sich anbahnenden Wirtschaftskrise die so dringend nötigen Massnahmen gegen den Klimawandel auf die lange Bank schieben. Die Welt wird gerade um Jahrzehnte zurückgeworfen. Das stimmt mich traurig.

Steuern wir auf einen neuen Kalten Krieg zu?

Das schliesse ich nicht aus. Es zeichnet sich ab, dass die Globalisierung gebremst wird und dass wir Haltung zeigen müssen gegenüber undemokratischen Regimen. Das gilt auch für Unternehmen. Wir werden künftig häufiger gezwungen sein, moralische Entscheidungen zu treffen, und müssen uns noch genauer überlegen, ob wir ein Projekt machen oder nicht.

Ist die wachsende Polarisierung und der Vormarsch des Autokratismus auch eine Gefahr für die Schweizer Demokratie?

Nein, das glaube ich nicht. Das Gute an unserem System ist ja gerade, dass der Personenkult viel geringer ist. Dank der siebenköpfigen Regierung aus vier Parteien und dank des jährlich rotierenden Amtes des Bundespräsidenten.

Von den gesamten Treibhausgasemissionen in der Schweiz werden rund ein Viertel durch Gebäude verursacht. Findet in der Architektur ein Umdenken statt?

Die Haltung hat sich stark geändert, auch in unserem Büro. Wir haben ein Nachhaltigkeitsteam etabliert und unternehmen Anstrengungen, um die CO_2-Bilanz unserer Bauprojekte zu verbessern. Nachdem wir bei der Senkung des Energieverbrauchs beim Unterhalt viel erreicht haben, sollten wir uns jetzt um die Senkung der grauen Energie kümmern. Das Motto heisst: *Refit, recycle, reuse.* Also wann immer möglich, sollten wir Häuser umnutzen und erweitern; falls doch ein Abbruch nötig ist, sollten wir das Baumaterial wiederaufbereiten bzw. wieder nutzen. Und wir sollten so bauen, dass die Gebäude multifunktional nutzbar sind, also sowohl für Büros, Wohnungen oder Produktionsstätten – je nachdem, was gerade gefragt ist.

Die Schweizer Bevölkerung wächst, und die Landschaft wird zunehmend zubetoniert. Seit Mitte der 1980er-Jahre wurde jeden Tag ein Areal in der Grösse von neun Fussballfeldern neu bebaut. Wie kann das gestoppt werden?

Um die Natur zu schützen, sollten wir «auf das Gebaute bauen», also auf die Nachverdichtung von Städten und Agglomerationen. Gebaut und ausgebaut werden soll dort, wo es die Menschen hinzieht und wo die soziale und verkehrstechnische Infrastruktur bereits existiert. Es ist grossartig, dass die Bevölkerung das verstanden und 2013 der Revision des Raumplanungsgesetzes zugestimmt hat. Nun geht es an die Umsetzung, sprich sowohl die Kantone als auch die Gemeinden sollten ihre Richtpläne in Bezug auf das neue Gesetz entwickeln. Denn ich bin überzeugt: Der Schlüssel liegt in den Städten. Wenn wir diese richtig planen, dann retten wir auch unsere Natur.

Was ist das Beste an der Schweiz?

Ich bin der Schweiz extrem dankbar. Ich fühle mich hier beruflich, kulturell und sozial absolut integriert. Für mich ist es ein sehr offenes und faires Land der unbegrenzten Möglichkeiten. Es hat mir die Chance gegeben auf ein freies Leben und eine Karriere. Wenn du hart arbeitest, dann kannst du hier wirklich aufsteigen und Erfolg haben. Und ich schätze die hiesige Debattenkultur, in der um Ideen gerungen wird. Ich komme aus einem Land, wo so etwas nicht existiert, und weiss, wieviel das wert ist.

Clément de Vaulchier

23, Genf (GE), studiert Internationale Beziehungen und engagiert sich bei den Pfadfinderinnen und Pfadfindern.

Was bereitet Ihnen Sorgen, wenn Sie die Welt und die Schweiz betrachten?

Die Komplexität der Globalisierung und unsere Unfähigkeit, die weltweiten Probleme zu lösen. Die internationalen Organisationen wie die UNO oder der Internationale Währungsfonds sind aufgrund von Vetorechten entscheidungsunfähig und bräuchten dringend neue Strukturen. In der Schweiz sollten wir unser Schulsystem überdenken. Es ist veraltet, und viele Themen wie Social Media und künstliche Intelligenz, aber auch Finanz- und Steuerfragen lernen wir nicht. Dabei liegt der Schlüssel für unsere Zukunft in der Bildung.

Sie studieren an der Uni Genf Internationale Beziehungen. Wie soll Ihrer Meinung nach das Verhältnis zwischen der Schweiz und der EU in Zukunft aussehen?

Ein sehr komplexes Thema, und je mehr ich darüber lerne, desto komplizierter finde ich es. Für mich ist die Situation gut, so wie sie ist. Aber ich vermute, dass die Schweiz irgendwann einen Schritt auf Europa zugehen muss. Um zu verhindern, dass die EU einen Schritt auf uns zumacht, in eine Richtung, die uns nicht gefällt.

Die Rede- und Meinungsfreiheit ist ein zentraler Eckpfeiler der Demokratie. Hat die Meinungsvielfalt unter dem Aufkommen der Political Correctness gelitten?

Ich habe tatsächlich den Eindruck, dass zunehmend nur noch die Meinung der eigenen Bubble zählt und eine Radikalisierung stattfindet. Kürzlich wurde an unserer Uni bei einer Podiumsveranstaltung dem SVP-Vertreter eine Torte ins Gesicht geworfen. Und an der Uni Zürich musste ein Professor ein Buch von der Literaturliste entfernen, weil dessen Inhalt aus Sicht der Studierenden diskriminierend ist. Ich finde das dumm und bin gegen Zensur. Offene Debatten und Meinungsaustausch sind wichtig, um zu verstehen, was in der Welt vor sich geht, und um demokratische Lösungen zu finden.

Genf ist nicht nur die internationalste Stadt der Schweiz, sondern auch jene mit der höchsten Wohnungsnot. Wie findet man hier als Student oder Studentin eine Wohnung?

Als ich von zu Hause auszog, hatte ich viel Glück. Schon nach drei Monaten und nur zehn Besichtigungen fand ich mit meinen Freunden eine 3,5-Zimmer-Wohnung im Stadtzentrum. Für die Altbauwohnung mit zwei Schlafzimmern à acht Quadratmeter, einem Schlafzimmer à 15 Quadratmeter und einer Wohnküche zahlen wir 2100 Franken im Monat. Der Vermieter gab uns den Zuschlag, weil er Studenten-WGs mag und ihm unser aufwendiges Bewerbungsschreiben gefiel. Aber er verlangte, dass unsere Eltern den Mietvertrag unterschreiben. Genf ist sehr attraktiv für junge Menschen, aber die Stadt sollte sich mehr um bezahlbaren Wohnraum kümmern.

Das Engagement im Milizsystem steht in Konkurrenz zur Freizeitgesellschaft mit ihrem vielfältigen Angebot. Geht die Bereitschaft für Freiwilligenarbeit in Ihrer Generation zunehmend verloren?

Nicht in meinem Umfeld. Ich kenne viele Leute, die sich in Sportvereinen, Uni-Organisationen oder – wie ich – in der Pfadi engagieren. Als Leiter der Pfadi Genf wende ich etwa 25 Stunden pro Woche auf, rund die Hälfte davon ist Gratisarbeit. Was ich aber feststelle, ist ein Abschied von unserem Milizparlament; immer mehr Politiker sind Berufspolitiker. Das mag Sinn machen, angesichts der zunehmenden Komplexität der Welt; ich hoffe aber, dass sie nicht den Kontakt zum Volk verlieren.

2023 wird die Bundesverfassung und damit die moderne Schweiz 175 Jahre alt. Was würden Sie an unserer Demokratie ändern, wenn Sie könnten?

Wir brauchen eine andere Art der politischen Repräsentation. Kleine und ländlich geprägte Kantone sind aufgrund des Ständemehrs bei nationalen Abstimmungen massiv überrepräsentiert. Eine Stimme aus Appenzell Innerrhoden hat dadurch über 39 Mal mehr Gewicht als eine Stimme aus dem Kanton Zürich. Das Gleiche gilt für die Anzahl der Ständeräte. Heute leben über 80 Prozent der Menschen im urbanen Raum – das muss sich politisch besser niederschlagen, zum Beispiel mit einem zusätzlichen Rat für die Städte oder für die Regionen.

Pia Camponovo

65, Solothurn (SO), Köchin, verwitwet, seit über 40 Jahren Küchenchefin des Restaurants Baseltor.

Was bereitet Ihnen Sorgen, wenn Sie die Welt und die Schweiz betrachten?

Wir leben in einer schrecklichen Zeit, Stichwort Krieg und Klimaerwärmung. Für die Jungen tut es mir unglaublich leid, dass wir – die Generation, der es immer gut ging – eine so kaputte Welt hinterlassen. Gleichzeitig leben wir hier in der Schweiz in einem Paradies. Das ewige Gestöhne und Gejammer von Herrn und Frau Schweizer finde ich völlig daneben. Und dann nehmen sie nicht mal am politischen Leben teil – die tiefe Wahlbeteiligung ist erbärmlich! Seit ich 20 bin [*Stimmrechtalter 18 wurde erst 1991 national eingeführt, Anm. d. Red.*], habe ich gerade mal einen Urnengang verpasst.

Was stört Sie an der nationalen Politik am meisten?

Das Ständemehr: Die kleinen Kantone haben viel zu viel Gewicht. Und es stammt aus einer Zeit, als die Städte noch bedeutend weniger Einwohnerinnen und Einwohner hatten.

In Ihrem genossenschaftlich organisierten Restaurant leben Sie eine Art Minidemokratie vor. Funktioniert das?

Anfangs wurden alle Entscheide basisdemokratisch gefällt. Dazu wurde einmal im Monat eine Sitzung einberufen, die sieben bis acht Stunden dauerte und bei der jedes *Löffeli* diskutiert wurde. Der blanke Horror. Später schufen wir mehr Subsidiarität, wenn man so will: Über den Kauf eines *Löffeli* entscheidet heute, wer es braucht, also das Servicepersonal.

Sie sind eine Pionierin der Slow-Food-Bewegung. Wie kam das?

Das weiss ich gar nicht mehr so genau – es ist schon 25 Jahre her, dass wir auf Bio umstellten. Damals prophezeite unser Metzger, dass wir schnell auf die *Schnörre* fallen würden. Doch unsere Gäste schluckten die höheren Preise. Ich vermute allerdings, dass sich die wenigsten dafür interessieren, woher unsere Produkte stammen. Sie wollen einfach gut essen.

Der Fachkräftemangel beschäftigt die Gastrobranche stark. Sie auch?

Jein: Schon 1982, als ich anfing, war es schwer, Küchenpersonal zu finden. Mich stellte man ein, obwohl ich keine Kochlehre hatte. Andererseits ist es heute tatsächlich so, dass niemand mehr am Abend und am Wochenende arbeiten will. In der Konsequenz muss man Leute einstellen, die weniger gut sind. Das wiederum bedeutet mehr Arbeit für mich: Ich muss ständig kontrollieren, ob alle ihren Job machen.

Wie haben sich die Wünsche der Gäste über die letzten 40 Jahre verändert?

Früher waren die Leute weniger anspruchsvoll. Wenn ich schaue, was sie heute bisweilen bei Tripadvisor über uns schreiben, möchte ich ihnen zurufen: «Hey, wir sind doch kein Drei-Sterne-Lokal.» Und sie mögen nicht mehr warten: bestellen, essen, gehen – es ist fast schon wie in Amerika. Das bedaure ich; ich mag es, wenn die Leute sitzen bleiben.

Und jeder hat einen Spezialwunsch?

Das hingegen stört mich überhaupt nicht. Ich bin als Gast auch heikel und bestelle Gericht A mit der Beilage von B und der Sauce von C. Manchmal wundere ich mich allerdings, was die Leute zusammenstellen, aber wenn es sie glücklich macht ... Lachen hingegen muss ich, wenn die Allergien, die bei der Hauptspeise angegeben werden, bei der Wahl des Desserts nicht mehr gelten.

Dank Corona erlebte Solothurn einen enormen Boom: Mit fast 12'000 Hotel-Logiernächten war der August 2021 der beste Monat der Geschichte. Wie kam das?

Als man nicht mehr ins Ausland reisen konnte, entdeckten die Welschen, wie schön es bei uns ist und wie gut erreichbar wir sind. Das sprach sich herum. Bis jetzt hat der Boom nicht abgenommen – von Mai bis Oktober ist unser Hotel fast durchgehend ausgebucht.

Sie sind 65 Jahre alt – wie lange arbeiten Sie noch?

Ich habe mal gesagt bis Ende 2024, aber mal schauen. Ich liebe meinen Job und ich weiss nicht, was ich sonst mit meiner Zeit anfangen soll. Meine Befürchtung ist, dass ich dann jeden Tag ins Kino und ins Restaurant gehe und nach einem Jahr Pensionierung pleite und übergewichtig bin.

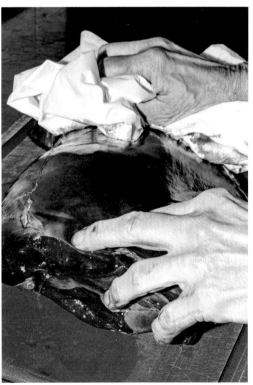

Livio Vanoni

79, Cevio (TI), pensionierter Musiklehrer und Inspektor des Konservatoriums, verheiratet. Er hat als Organist mehrere Tonträger eingespielt und viele alte Orgeln restauriert, gibt noch heute Orgelkonzerte und amtet als Chorleiter.

Was bereitet Ihnen Sorgen, wenn Sie die Welt und die Schweiz betrachten?

Drei Dinge: das rasante globale Bevölkerungswachstum und dessen verheerende Folgen für die Menschen, die Natur und das Klima. Die wachsende Kluft zwischen Arm und Reich. Und die Missachtung des Tierwohls. Ich finde es etwa skandalös, dass es noch Stierkämpfe gibt. Für mich haben Tiere dasselbe Recht auf Leben wie wir Menschen. Ich lebe daher auch streng vegetarisch.

Fühlen Sie sich als Tessiner gut verstanden in Bundesbern?

Ich habe wenig zu kritisieren. Aber hier und da bin ich nicht einverstanden, zum Beispiel mit der Asylpolitik. In den letzten Jahren wurden vom Bundesamt für Migration mehrere Asylbewerber, die sehr gut integriert waren, in ihre Länder zurückgeschickt. Und dies, obwohl sich die Tessiner Regierung für ihren Verbleib ausgesprochen hatte. Ich verstehe, dass man in Bern das Gesetz vertritt. Aber ich glaube, dass man aus humanitären Gründen den Mut haben muss, Ausnahmen zu machen und anders zu entscheiden.

Tun wir genug für den Klimaschutz?

In der Verkehrspolitik läuft einiges falsch. Natürlich gibt es Menschen, die aufs Auto angewiesen sind, aber gesamthaft fliesst viel zu viel Geld in die Strassen statt in die Eisenbahn. Ich finde es falsch, dass private Busunternehmen bei Fernfahrten durch Billigangebote mit der Bahn konkurrieren können. Und noch verheerender ist es, dass Flugreisen billiger sein können als Bahnreisen. Wir sollten sorgfältiger mit der Natur umgehen. Natürlich braucht es eine internationale Zusammenarbeit, aber vermögende Länder wie die Schweiz stehen ganz besonders in der Pflicht, einen Beitrag zum Klimaschutz zu leisten.

Tragen Sie persönlich zum Umweltschutz bei?

Ich wähle meine Urlaubsziele so, dass sie mit öffentlichen Verkehrsmitteln erreichbar sind. Bei Lebensmitteln achte ich sehr darauf, woher sie kommen, und ich vermeide stark verpackte Lebensmittel. Und zu Hause minimiere ich schon seit Jahrzehnten den Energieverbrauch. Ich heize nur die Stube auf maximal 17 bis 18 Grad; die anderen Räume sind kalt. Im Bad hat es im Winter neun Grad, im Schlafzimmer sechs Grad.

Was stimmt Sie für die Zukunft optimistisch?

Dass es heute noch viele junge Menschen gibt, die sich gesellschaftlich engagieren. Ich bin positiv überrascht, wie sehr sie sich für ihre Ideale und die Umwelt engagieren. Das gibt mir Hoffnung, dass diese Generation Lösungen für die riesigen Probleme unseres Planeten und der Menschheit finden wird.

Amanda Casanova

36, Ebmatingen (ZH), Sekundarlehrerin DAZ (Deutsch als Zweitsprache) in Kloten, verheiratet, Doppelbürgerin (Schweiz, Philippinen), Tennisspielerin (Klassierung: R2, Rang: 188).

Was bereitet Ihnen Sorgen, wenn Sie die Welt und die Schweiz betrachten?

Ganz allgemein: die Zukunft, in der unsere Nachkommen leben werden – und der Zustand unserer Erde und der Natur. Aus meiner Perspektive als DAZ-Lehrperson: Wir haben sehr viele neue Schülerinnen und Schüler bekommen, auch wegen des Ukraine-Kriegs, und zu wenig Platz in den Schulhäusern.

Fühlen Sie sich als Lehrperson gut vertreten von der nationalen Politik?

Ja, ich fühle mich generell eigentlich gut vertreten. Man könnte allerdings noch etwas mehr gegen den Lehrermangel tun. Das ist unter uns Lehrpersonen natürlich ein Thema. Man hat viele Lehrpersonen nach einer Schnellbleiche ohne Diplom angestellt. Das kann nur eine Notlösung sein.

Was gefällt Ihnen an Ihrem Beruf am besten?

Dass ich die sprachliche Entwicklung meiner Schülerinnen und Schüler mitverfolgen kann. Sie kommen ohne Deutschkenntnisse zu mir, und nach zwei Monaten verstehen gewisse Schülerinnen und Schüler schon sehr viel und haben einen grossen Wortschatz. Es ist schön zu sehen, wie schnell sich Jugendliche – je nach Charakter – integrieren und an unsere Kultur anpassen können. Und dass ich ein Teil dieses sprachlichen Prozesses und der Integration sein kann.

Sind Sie mit jemandem befreundet, der politisch ganz anders denkt als Sie?

Politik ist nicht gerade eines der wichtigsten Themen in meinem Freundeskreis. Darum wüsste ich es vermutlich auch nicht, wenn jemand eine ganz andere politische Haltung hätte.

Sie haben den Zustand der Natur erwähnt. Wo sehen Sie da die Rolle der Schweiz?

Im Vergleich zu anderen Ländern haben wir in der Schweiz mehr finanzielle Ressourcen. Darum kann ich mir gut vorstellen, dass die Schweiz zum Beispiel Entwicklungsländer finanziell unterstützen könnte. Oder ihr Know-how auch bildungsfernen Ländern vermittelt, die sich des Naturschutzes oder des Klimawandels nicht so bewusst sind.

Gibt es ein Problem, das Ihrer Meinung nach von der nationalen Politik zu wenig angegangen wird?

Ein Teil meiner Familie arbeitet in der Pflege. Von ihnen höre ich oft, dass der Fachkräfte- und Personalmangel im Gesundheitswesen ein grosses Problem ist. Das spürten sie vor allem während der Covid-Pandemie, aber auch wenn eine Kollegin erkrankt. Meine Familie arbeitet sehr viel, weil sie für Leute einspringt, die ausfallen. Sie ist beruflich am Anschlag.

Wo ist die Schweiz für Sie am schönsten?

Überall, wo es einen Tennisplatz gibt. Und überall in der Natur.

Micaela Tobler

55, Lugano (TI), Immobilien-Bewirtschafterin, verheiratet, ein Sohn.

Was bereitet Ihnen Sorgen, wenn Sie die Welt und die Schweiz betrachten?

Das Leben und die Zukunft der nächsten Generationen. Naturkatastrophen, Krieg, Pandemien – sie erleben alle Probleme gleichzeitig und in Echtzeit in den sozialen Medien. Schon jetzt leiden viele junge Menschen unter Burnouts und psychischen Probleme. Wie wirkt sich das längerfristig auf sie aus? Und welche Folgen hat das für die Gesellschaft?

Sind junge Menschen weniger belastbar?

Jein. Vermutlich wären sie schon belastbar, aber sie wollen nicht mehr ausschliesslich für den Job leben. Und sie wollen alles jetzt und sofort, es fehlt ihnen zunehmend an Durchhaltewillen. Die Gründe dafür? Vielleicht haben wir sie zu sehr verwöhnt. Vielleicht sind sie durch ihre digitalen Aktivitäten schon so absorbiert, dass sie nicht Vollzeit arbeiten können. Vielleicht sind sie auch einfach klug und spüren, dass ein Leben neben der Arbeit wichtig ist. Keine Ahnung, wie sich das auf unsere Volkswirtschaft auswirkt. Aber vielleicht ist es ja gut so. Vielleicht braucht der Mensch eine gewisse Entschleunigung und mehr Freizeit.

Was wünschen Sie sich als Tessinerin von der Politik in Bern?

Ich bin nicht sehr politisch. Aber ich wünschte mir mehr Unterstützung in der Grenzgänger-Problematik. Inzwischen pendeln schon 70'000 Leute aus Italien über die Grenze zur Arbeit. Unter der Woche stehen wir fast täglich im Stau. Für die achtminütige Fahrt ins Büro brauche ich oft 30 Minuten. Und das in einer Kleinstadt wie Lugano!

Mit 68 Prozent Ja-Stimmen hat kein anderer Kanton so massiv für die Masseneinwanderungsinitiative gestimmt wie das Tessin. Sollte die Anzahl der «Frontalieri» – wie die Grenzgänger hier heissen – kontingentiert werden?

Nein. Was wollen wir denn ohne sie machen? Für diese tiefen Löhne der Frontalieri würden wir Schweizer nicht arbeiten. Aber die Schweiz sollte mit Italien das gleiche Steuerabkommen abschliessen, wie kürzlich mit Frankreich. Dieses erlaubt den französischen Grenzgängern ab diesem Jahr 40 Prozent Homeoffice zu machen und reduziert die täglichen Staus.

Das Tessin ist der Kanton mit der niedrigsten Geburtenrate und kämpft im Gegensatz zu den meisten Regionen der Schweiz nicht mit der Zuwanderung, sondern mit der Abwanderung. Spüren Sie die Auswirkungen?

Absolut. Auf dem Immobilienmarkt haben wir eine der höchsten Leerstandsquoten in der Schweiz, es gibt weniger Jobs, das kulturelle Angebot schwindet. Und gleichzeitig wird infolge der Inflation alles teurer, aber unsere Löhne, die im nationalen Vergleich am tiefsten sind, bleiben gleich.

Seit 2020 hat sich die Zugreise dank des Gotthard-Basistunnels und des Monte-Ceneri-Tunnels um eine Stunde verkürzt. Man braucht von Lugano weniger als zwei Stunden nach Zürich. Ist der erhoffte «Alptransit-Effekt» eingetreten?

Weniger als erhofft. Es gibt zwar etwas mehr Deutschschweizer, die jetzt hier wohnen und zwei bis drei Tage pro Woche in Luzern oder Zürich arbeiten. Auch der Tagestourismus hat zugenommen, vom Mittwoch bis Sonntag sind die Züge jeweils proppenvoll. Aber auf den Arbeits- und Immobilienmarkt hat das keine grossen Auswirkungen. Im Gegenteil: Einige grosse italienische Firmen sind weggezogen, weil man kein Steuerabkommen fand. Wir sollten die Firmen mit Steuervorteilen anlocken.

Was ist Ihr grösster Wunsch für die Schweiz?

Wir schauen immer zuerst, was die anderen machen, und dann folgen wir. Wir sollten den Mut haben, selbst zu agieren. Und wir sollten unsere Neutralität beibehalten, auch wenn sie zunehmend unter Druck gerät.

Marie-Thérèse Chappaz

63, Fully (VS), Winzerin, verheiratet, eine Tochter, drei Enkelkinder.
Sie führt das Weingut in dritter Generation und ist eine Pionierin des biodynamischen Anbaus.

Was bereitet Ihnen Sorgen, wenn Sie die Welt und die Schweiz betrachten?
Die Zunahme von totalitären Politikern in vielen Ländern, sowohl bei der extremen Rechten wie der Linken. Die Tatsache, dass wir nicht aus unseren Fehlern gelernt haben, dass es immer mehr Kriege gibt und im Jahr 2023 Menschen immer noch an Hunger sterben. Und drittens der mangelnde politische Wille, ernsthaft für den Naturschutz und gegen die Abholzung der Wälder einzutreten.

Gilt dieses Unbehagen auch für die Schweiz?
Unser Politsystem mit der Konkordanz und dem Föderalismus schützt uns vor totalitären Tendenzen. Was mich bei uns beschäftigt, ist die Zubetonierung des Landes und das Verschwinden von Landwirtschaftsflächen. Und ich halte es für einen Fehler, die Landwirtschaft wie die anderen Wirtschaftssektoren zu behandeln.

Wie meinen Sie das?
Es bräuchte eine politische Entscheidung für die Landwirtschaft, unabhängig von rein ökonomischen Überlegungen, die auch ihren Wert für die Landschaftspflege, den Naturschutz und die Ernährungssicherheit seriös miteinbezieht. Man sollte die Landwirtschaft aufwerten, damit die Leute gut davon leben können und nicht gezwungen sind, ihren Beruf aufzugeben. Es ist doch nicht normal, dass ein Informatiker ein Vielfaches von einem Bauern verdient. Und dass die Menschen bereit sind, für sehr viele Dinge viel Geld auszugeben, aber nicht für die Nahrung.

Im Wallis kultiviert man seit fast 3000 Jahren Reben; heute werden hier rund 40 Prozent aller Schweizer Weine erzeugt. Gefährdet der Klimawandel den Weinanbau in Ihrem Kanton?
Die Wärme macht mir keine Sorgen. Wir haben im Rhonetal Hänge mit verschiedenen Höhenlagen und können den Anbau anpassen. Ein weiterer Vorteil ist die grosse Sortenvielfalt – bei uns wachsen rund 50 Rebsorten, davon reagieren nicht alle gleich empfindlich auf die Hitze. Unser grosses Problem ist der Wassermangel. Wir haben sandige Böden ohne Lehm, der das Wasser speichert. Die grosse Frage ist, ob wir künftig noch das Recht haben werden, die Rebberge zu bewässern.

Sie haben 1997 als eine der ersten in der Schweiz komplett auf biodynamischen Anbau umgestellt. Warum?
Die Walliser lieben verrückte Sachen. Und ich bin in dieser Hinsicht eine typische Walliserin (*lacht*). Aber ernsthaft: Ich wollte keine giftigen Produkte mehr verwenden, das hat mich selbst krank gemacht. Als ich in Frankreich einen biodynamischen Betrieb besuchte, hat mich der spirituelle Aspekt, die Weinrebe als lebendes Wesen zu betrachten, zutiefst berührt. Seither nutze ich praktisch keine systemischen Produkte oder Dünger mehr, nur Kräutertees, ein wenig Kupfer, Schwefel und Bikarbonat, eigenen Kompost, Pflanzen und biodynamische Präparate. Die Trauben sind dadurch resistenter geworden, und die Qualität des Weins ist besser, wie die vielen Auszeichnungen und Komplimente meiner Kundinnen und Kunden zeigen. Glücklicherweise stellen immer mehr Winzerinnen und Winzer um, und ich bin überzeugt, dass sich die biologische, wenn nicht gar die biodynamische Kultivierung durchsetzen wird.

Sie haben als Frau in einer Männerdomäne Karriere gemacht. Ist die Schweiz gleichberechtigter geworden, seit Sie ins Berufsleben eingestiegen sind?
Als ich anfing, hatte ich es nicht leicht, als Chefin akzeptiert zu werden, aber ich liess mich nicht beirren. Wenn ein Arbeiter nicht damit umgehen konnte, Anweisungen von einer Frau zu erhalten, konnte ich mich ohne Weiteres von ihm trennen. Das ist heute kein Thema mehr. Es gibt immer mehr Winzerinnen, und sie bekommen viel Anerkennung von den Medien. Aber in anderen Branchen liegt noch immer vieles im Argen. Ich bin schockiert über die enormen Lohnunterschiede, die es immer noch gibt. In sogenannten Frauenberufen wie Kleinkinderbetreuerin oder Pflegefachfrau sollte man gleich viel verdienen wie in Männerberufen. Deshalb ist auch die Erhöhung des Frauenrentenalters unsozial. Zudem sollten auch die Frauen – oder Männer –, die nicht bezahlte Familienarbeit leisten, entlöhnt werden und in die zweite Säule einzahlen können.

Apropos: Sie erreichen nächstes Jahr das ordentliche Pensionsalter. Gehen Sie dann in Rente?
Nein. Ich liebe meine Arbeit und muss auch aus finanziellen Gründen weiterarbeiten. Zudem habe ich noch keine Nachfolgeregelung gefunden. Meine Tochter ist Architektin und meine drei Enkel sind noch klein. Es wäre schön, wenn einer von ihnen einmal das Weingut übernehmen würde und die Familiengeschichte und unsere Haltung weiterlebt.

Roger Tinner

61, Diepoldsau (SG), Geschäftsführer einer Kommunikationsagentur und von Swissfundraising, drei Kinder, drei Enkelkinder.

Was bereitet Ihnen Sorgen, wenn Sie die Schweiz betrachten?

Wir leben in einem der reichsten Ländern der Welt, aber nicht jeder kann sich die Gesundheitskosten leisten – das kann doch einfach nicht sein. Und die Energiekrise trifft dann nochmals die gleichen, wenig vermögenden Menschen.

Als politisch interessierter Stimmbürger: Welche Noten verteilen Sie der nationalen Politik?

Verwaltung und Bundesrat machen, was sie können. Das ist naturgemäss nicht immer das, was ich tun würde – aber im grossen Ganzen passt es schon. Sagen wir eine Fünf. Im Parlament steht die Wahrung von gewissen Interessen zu oft im Vordergrund, National- und Ständerat würde ich darum nur ein knappes «genügend» geben. Am meisten aber stören mich die politischen Parteien, die vor allem an ihre eigene Anspruchsgruppe denken. Wegen dieser Egotrips sind viele gute Lösungen nicht möglich – eine Drei.

Sie selbst waren jahrelang in der CVP. Warum traten Sie aus der Partei aus?

Ich politisiere gerne, war auch im Kantonalvorstand. Doch als sich die CVP für ein Verhüllungsverbot aussprach, war es für mich vorbei, das empfand ich als zutiefst illiberal und unchristlich. Jetzt kann man natürlich argumentieren, dass mein Austritt auch

ein Zeichen von Intoleranz sei (*lacht*). Aber grundsätzlich bin ich froh, dass ich mich nicht mehr aufregen muss, wenn die Partei etwas macht, hinter dem ich nicht stehen kann.

Eines der drängendsten Probleme der Welt ist der Umweltschutz. Wo sehen Sie da die Rolle der Schweiz?

Wir sollten die Avantgarde sein und der Welt zeigen, wie Klimaschutz geht – bei vielen anderen Themen gefallen wir uns in der Vorreiterrolle, gerade hier wäre das sehr sinnvoll. Wenig Verständnis habe ich für das Argument, wir seien zu klein, um einen Unterschied zu machen. Wir können es uns leisten, eine Vorbildfunktion zu übernehmen, also sollten wir das tun.

Wo ist die Schweiz am schönsten?

Im St. Galler Rheintal, wo ich aufgewachsen bin und heute noch lebe. Uns Diepoldsauer nennt man hier zwar «angeschwemmte Österreicher», weil wir das einzige Dorf der Schweiz sind, das hier auf der rechten Rheinseite liegt. Aber mir gefällt das, ich hatte schon immer viel Sympathie für unsere östlichen Nachbarn und drückte beim Skifahren Franz Klammer die Daumen, nicht Bernhard Russi.

Olivier Luder

63, Saignelégier (JU), Lokführer bei der Chemins de fer du Jura, verheiratet, vier Töchter, drei Enkelkinder, ehemaliger SP-Kantonsrat, begeisterter Akkordeonspieler und Präsident der Karnevalsgruppe Le Baitchai.

Was bereitet Ihnen Sorgen, wenn Sie die Welt und die Schweiz betrachten?

Das Sterben der Natur. Wir haben immer weniger Vögel und Insekten, unsere Tannenwälder vertrocknen, dabei gehören sie bei uns in den Freibergen zur Identität. Zudem steigt der Meeresspiegel und damit auch die Zahl der Klimaflüchtlinge. Sie werden natürlich auch in die Schweiz kommen. Dabei stossen wir schon jetzt an unsere Grenzen.

Wie viele Menschen haben in der Schweiz noch Platz?

Ein schwieriges Thema. Einerseits wollen wir bei uns den Wolf und den Luchs ansiedeln, die brauchen viel Land. Wir wollen die Landschaft schützen und Anbauflächen für die Bauern erhalten. Gleichzeitig wird die Schweiz immer mehr zugebaut und wir brauchen wegen der Überalterung zusätzliche ausländische Arbeitskräfte. Für dieses Dilemma gibt es keine einfache Lösung. Aber vermutlich müssen wir die Zuwanderung stärker steuern.

Der Kanton Jura wurde erst 1978 gegründet, kurz nach Ihrem 18. Geburtstag. Wurden die grossen Hoffnungen erfüllt?

Mais oui! Ich war extrem stolz, als das Abstimmungsresultat bekanntgegeben wurde. Seither sind wir ein moderner Kanton geworden, ein Kanton für alle. Die tiefen Gräben zwischen den Autonomiebefürwortern und Pro-Bernern wurden zugeschüttet. Das gilt übrigens auch für den «Röstigraben»: Wir haben heute ein viel entspannteres Verhältnis zu den Deutschschweizern. Sehr erfreulich, dass nun auch die Stadt Moutier Ja gesagt hat zum Kanton Jura.

Der Jura ist nicht nur der jüngste, sondern auch einer der ärmsten Kantone. Halten Sie infolge der wachsenden Ungleichheit soziale Unruhen in der Schweiz für möglich?

Ich rechne nicht mit gewaltsamen Protesten, aber durchaus mit Demonstrationen. Wenn die Energiekosten weiter steigen, könnte es für immer mehr Menschen kritisch werden. Einige leben in Häusern, die alt und schlecht isoliert sind, und die meisten brauchen ein Auto, weil sie sehr abgelegen leben. Sollten sich auch noch die Lebensmittel infolge der Inflation weiter verteuern, dann sind immer mehr Leute auf Hilfe angewiesen. Deshalb ist es enorm wichtig, dass die Schweiz die Sozialhilfe und Ergänzungsleistungen aufrechterhält und hier nicht spart.

Als besonders armutsgefährdet gelten ältere Menschen. Sie erreichen in zwei Jahren das Pensionsalter. Reicht Ihre Rente oder werden Sie länger arbeiten müssen?

Nein. Wir haben unser Leben lang wenig Geld gebraucht. Wir wohnen im eigenen Haus und hatten nie ein Auto. Das Gemüse und die Kartoffeln kommen aus unserem Garten und bis vor kurzem hielten wir Hasen, Schafe, Geissen, Hühner, Enten und Truthähne – das wurde uns jetzt allerdings zu viel. Dank unseres sparsamen Lebens konnten wir jedes Jahr etwas auf die Seite legen und in die dritte Säule einbezahlen. Zudem habe ich das Glück, dass die Bahn eine gute Pension zahlt. Aber eine Frühpensionierung ist kein Thema, denn ich liebe meinen Beruf.

Welche Zugstrecke fahren Sie am liebsten?

Die 30-minütige Fahrt von Glovelier nach Saignelégier. Sie führt durch die Schlucht Combe Tabeillon, die berühmt ist für ihre Biodiversität und wo man Rehe, Wildhasen und manchmal sogar Luchse sieht. Dann geht es durch acht Tunnels 500 Meter steil hinauf auf die Hochebene der Franches-Montagnes. Hier erblickt man die weiss getünchten Einzelhöfe und grossen Weiden mit den Freiberger Pferden. Ein einzigartiger Flecken Schweiz.

Was ist Ihr grösster Wunsch für die Schweiz?

Bis vor Kurzem hätte ich gesagt: einen Bundesrat aus dem Jura. Aber mit Elisabeth Baume-Schneider haben wir das inzwischen geschafft. Als sie gewählt wurde, kamen meiner Frau und mir die Tränen. Sie kam übrigens durch mich in die Politik. Ich war früher SP-Kantonsrat und uns fehlten noch fähige Leute für die Wahlliste. Sie hat gelegentlich bei uns Hasen gekauft, und eines Tages sagte ich zu ihr: «Elisabeth, Du wärst die Richtige.» Da hat sie Ja gesagt.

Özlem Surace

39, Bern (BE), Ärztin, verheiratet, Mutter eines zweijährigen Sohnes, kam 1991 mit ihren Eltern aus der Türkei in die Schweiz.

Was bereitet Ihnen Sorgen, wenn Sie die Welt und die Schweiz betrachten?

Ganz ehrlich – ich bin nicht sehr optimistisch. Am meisten Sorgen bereitet mir die Klimakrise. Die Ziele der Konferenz von Paris werden wir nicht erreichen, nicht einmal in der vermeintlich fortschrittlichen Schweiz. Gleichzeitig werden die Ressourcen knapper, Tierarten sterben aus, es gibt mehr Klimaflüchtlinge und irgendwann werden die ersten Kriege wegen des veränderten Klimas ausbrechen. Es ist möglich, dass ich die wirklich drastischen Folgen selbst nicht mehr erleben werde, mein Sohn aber schon. Und da sind wir beim Hauptproblem: Die politischen Entscheide diesbezüglich werden meist von älteren Menschen getroffen, die es selbst nicht betrifft. Das ist frustrierend.

Sie sind Ärztin – wie steht es um die Nachhaltigkeitsbemühungen in unseren Spitälern?

In meinem Fachgebiet, der Anästhesie, gibt es enorm viel Verpackungsmaterial und Plastikabfall, allein schon jede Spritze ist steril eingepackt. Ich habe in sieben verschiedenen Kliniken gearbeitet; man glaubt es kaum, aber mein aktueller Arbeitsort ist der erste, wo der Abfall getrennt wird. Zudem verzichten wir auf Einweginstrumente. Bei allen anderen hiess es: «Das ist vom Ablauf her nicht möglich.»

Und wie steht es um die Gleichberechtigung im Gesundheitswesen?

Dazu fehlt wohl in vielen Branchen noch einiges, aber Sie können sich nicht vorstellen, wie konservativ unsere medizinischen Institutionen sind und wie patriarchalisch sie geführt werden. Es gibt viele Berichte, die zeigen, dass männliche Kollegen systematisch besser eingestuft und dementsprechend besser entlöhnt werden. Frauen werden sehr häufig primär in der Mutterrolle gesehen und entsprechend fachlich nicht gefördert oder nicht in Führungspositionen befördert. Da haben uns die nordischen Länder viel voraus.

Sie sind Doppelbürgerin. Wie sehr nehmen Sie an der Politik in der Türkei teil?

Ich fühle mich dem Land sehr verbunden, aber abstimmen konnte ich nur ein einziges Mal, bei der Parlamentswahl im Jahr 2015. Ich verfolge die Entwicklung des Landes mit grosser Sorge. Die Türkei galt lange als fortschrittliches muslimisches Land und hatte durch die Trennung von Staat und Religion eine Vorzeigefunktion im Nahen Osten. Das Wahl- und Stimmrecht für Frauen wurde bereits 1930 eingeführt – ca. 60 Jahre vor dem letzten Schweizer Kanton. Doch aktuell werden viele Errungenschaften der Republik demontiert.

Gibt es auch etwas, das Sie für unsere Zukunft hoffnungsvoll stimmt?

Durchaus! Die Menschheit hat schon unzählige Krisen überwunden. Der Schlüssel liegt einerseits im technischen Fortschritt und darin, dass weltweit eine Generation heranwächst, die bestens vernetzt ist, Interesse an Themen wie der Klimakrise und sozialer Gerechtigkeit zeigt, einen globalen Wertewandel verlangt und sich sogar gegen autokratische Regimes auflehnt und diese zum Handeln bewegt, wie jüngst im Iran oder in China.

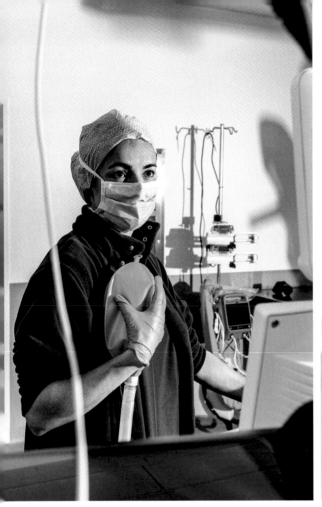

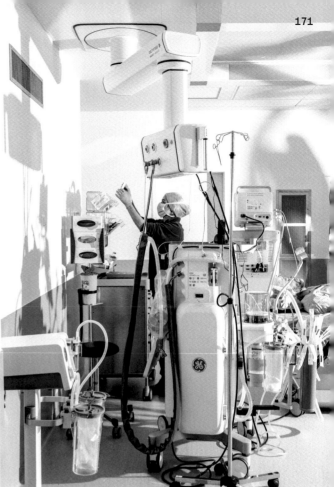

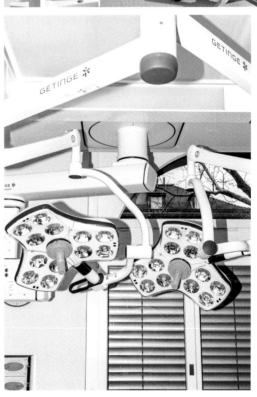

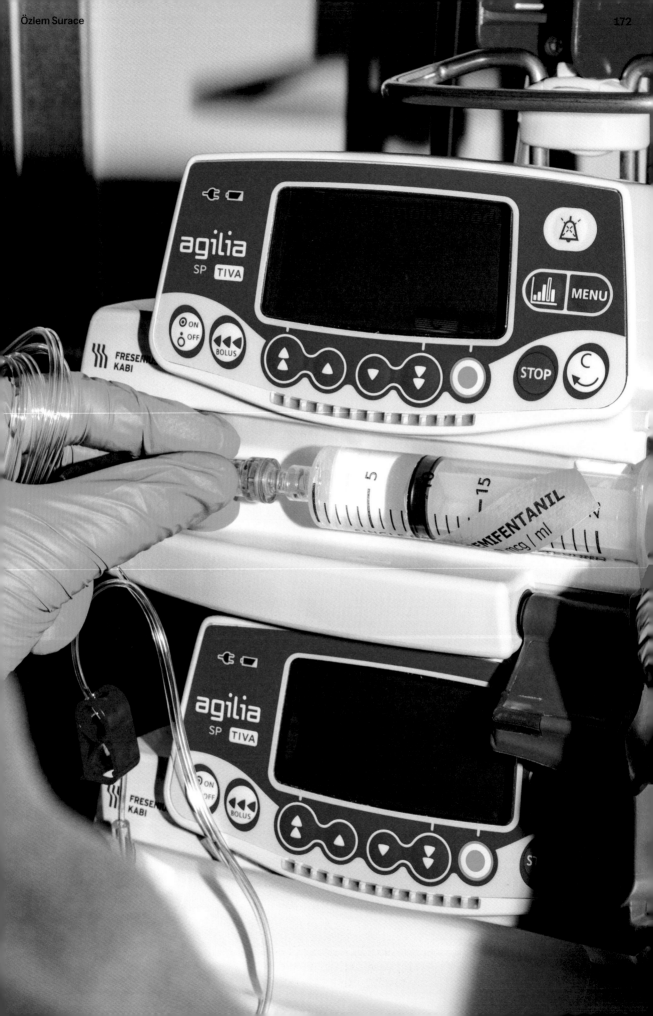

Heinz Frei

65, Oberbipp (BE), Sportreferent der Schweizer Paraplegiker-Vereinigung und Pionier des globalen Rollstuhlsports, verheiratet, zwei Kinder.

Was bereitet Ihnen Sorgen, wenn Sie die Welt und die Schweiz betrachten?

Zum einen die Klimaflucht. Wenn die Wüste wächst, kommt es zu einer gigantischen, furchterregenden Völkerwanderung. Zum anderen die wirtschaftliche Abhängigkeit von globalen Lieferketten, die in der Schweiz und vielen anderen Ländern zur Knappheit von lebenswichtigen Gütern wie Nahrung, Medizin oder Energie führt. Wir müssen uns dringend fragen: Wie können wir autarker werden, um unsere Sicherheit zu gewährleisten?

Als kleines, rohstoffarmes Land ist die Schweiz auf den freien, globalen Handel angewiesen. Wären Sie dafür auch bereit, auf Wohlstand zu verzichten?

Es bleibt uns wohl gar nichts anderes übrig – auch weil die Erde unseren Lebensstil nicht länger erträgt. Wir müssen bescheidener werden und zu verzichten lernen. Das mag jetzt schlimm klingen, aber aus eigener Erfahrung kann ich sagen: Das Leben bleibt trotzdem lebenswert. Ich stürzte mit 20 bei einem Berglauf und bin seither gelähmt. In der Folge musste ich meine Haltung und Ziele völlig neu definieren. Statt damit zu hadern, was ich nicht mehr tun kann, habe ich gelernt, mich über jene Dinge zu freuen, die noch möglich sind.

Das klingt jetzt so locker. Wie ist Ihnen das gelungen?

Es war schwierig und sehr harte Arbeit. Man muss sein Glück bis zu einem gewissen Grad auch erzwingen. Sich wehren gegen die Abhängigkeit, dagegen ankämpfen. Man sollte sich weder selbst bemitleiden noch von anderen bemitleiden lassen. Man muss Geduld lernen und versuchen, gute Momente zu schaffen. Kleine Erfolge zu erzielen, die Mut geben für den nächsten Schritt. Und man muss bereit sein, die Extrameile zu gehen, auch wenn es viel einfacher wäre, sich helfen zu lassen.

Abgesehen von Verzicht: Was sollten wir tun, um die Umwelt zu schonen?

Die Zersiedlung der Landschaft, die besonders im Mittelland seit Jahrzehnten voranschreitet, sollte dringend gestoppt werden. Statt wertvolles Ackerland und schöne Wiesen zu vernichten, sollten wir besser bestehende Gebäude und alte Industrieareale umnutzen. Und das Littering muss aufhören. Auf meinen Trainingsfahrten entdecke ich immer mehr Abfall auf der Strasse – Alu-Dosen, Glas- und Plastikflaschen. Ich habe schon mit dem Gedanken gespielt, einen Korb an mein Handbike zu montieren, um den Müll einzusammeln. Und auf dem Korb steht die Aufschrift: «Idioten, tragt Sorge für unsere Natur. Es gibt nur eine.»

Sind Menschen mit Behinderung gesellschaftlich und politisch bei uns gut integriert?

Seit meinem Unfall hat sich zwar einiges verbessert, und heute spricht man sehr viel von Inklusion, aber an der Umsetzung hapert es noch vielerorts. Ich appelliere aber auch an alle Behindertenorganisationen, sich noch stärker politisch zu betätigen. Es gäbe dort viele fähige Leute, die sich für politische Ämter zur Wahl stellen könnten. Aber als behinderter Mensch braucht dies eben sehr viel Zivilcourage.

Könnten Sie es sich auch vorstellen, selbst zu kandidieren?

Ich gehe zu Gemeindeversammlungen und bin in einer Baukommission für eine Schulhauserweiterung. Aber eine Wahl strebe ich nicht an. Meine Stärken kommen als Vertreter des Behindertensports am besten zum Tragen.

Wo ist die Schweiz am schönsten?

Auf der Bättlerchuchi – einem Übergang über die erste Jurakette östlich von Solothurn. Sie liegt auf einer meiner Trainingsstrecken und ist ein guter Fitnesstest: Schaffe ich die Rampe auf 1074 Meter Höhe unter einer Stunde, dann weiss ich: Ich bin in Form. Von dort oben hat man einen fantastischen Weitblick über das Mittelland und auf die ganze Alpenkette. Sogar den ewigen Schnee auf Eiger, Mönch und Jungfrau sieht man. Wobei ich nicht weiss, wie lange diese Gipfel noch weiss sein werden.

Peter Sturzenegger-Frick

49, Schwellbrunn (AR), Metzgermeister, verheiratet, drei Kinder, führt mit seiner Frau Annelies die Metzgerei und das Gasthaus Ochsen, die seit 1938 in Familienbesitz sind, Hausspezialitäten: die Südworscht und das Appenzeller Mostbröckli, er war elf Jahre Präsident des Fleischfachverbandes Appenzellerland.

Was bereitet Ihnen Sorgen, wenn Sie die Welt und die Schweiz betrachten?
Die Machtlosigkeit gegenüber den vielen Krisen rund um die Welt und die Ungewissheit, wohin das noch führen wird. Wie wohl die meisten hatte ich 1989 geglaubt: Jetzt ist die Sowjetunion besiegt und die Welt ist gerettet. Sehr gefährlich finde ich auch die Naivität und Bequemlichkeit von Europa gegenüber dem wirtschaftlichen Aufstieg von China.

Wie meinen Sie das?
Wir sind verwöhnt und faul. Wir sind nicht mehr leistungsbereit und gewohnt, zu kämpfen. Statt sich entschlossen der neuen Konkurrenz zu stellen, verkaufen wir lieber unsere Unternehmen in den Osten und lassen über uns befehlen.

Rund ein Viertel der CO_2-Emissionen werden durch Landwirtschaft und unsere Ernährung verursacht – besonders umweltschädlich ist die Fleischproduktion. Gibt es eine nachhaltige Zukunft für das Fleisch?
Absolut. Für mich ist Fleisch ein Luxusgut, das seinen Preis hat. Ich bin dafür, dass wir weniger und dafür hochwertigeres Fleisch aus lokaler und nachhaltiger Produktion essen. Unser Kleinbetrieb ist das beste Beispiel dafür. Alle Produkte kommen aus der Region, jeder Stall ist streng kontrolliert, und wir verwerten das ganze Tier. Zur

Ehrrettung unserer Branche möchte ich aber auch sagen: Die Schweiz ist in Sachen Biofleisch führend. Zudem ist und bleibt die Schweiz ein Grasland. Die Haltung von Rindvieh für die Fleisch- und Milchproduktion ist das beste Mittel, um der Verwaldung Einhalt zu gebieten und die Landschaft zu pflegen. Ausserdem bleibt die Wertschöpfung im Land und viele Familien bestreiten damit auch in Zukunft ihr Einkommen. Und *last, but not least*: Die vegane Ernährung ist auch nicht so umweltfreundlich, wie wir das gerne hätten.

Der jährliche Pro-Kopf-Konsum von Fleisch ist in der Schweiz seit 1980 von 64 Kilo auf 48 Kilo gesunken. Spüren Sie diesen Trend in Ihren Betrieben?
Im Restaurant ist die Nachfrage nach Vegi-Menüs deutlich gestiegen, vor allem bei den Frauen. Die Knöpfli-Pfanne mit Appenzeller Käse ist ein Hit. In der Metzgerei hingegen nicht. Als ich selbstgemachte Vegan-Burger ins Sortiment aufnahm, kamen diese gar nicht gut an. Fleisch ist für viele immer noch ein Genuss. Was sich hingegen zeigt, ist eine Verschiebung: Die Leute kaufen weniger Rind und Schwein, dafür mehr Geflügel.

2017 wurde Schwellbrunn von einer nationalen Publikumswahl zum «schönsten Dorf der Schweiz» erkoren. Was macht es für Sie so besonders?

Es ist das höchstgelegene Dorf des Kantons mit einer atemberaubenden Silhouette und einem einzigartigen Ausblick über den Alpstein bis hin zum Bodensee. Es ist als Ortsbild von nationaler Bedeutung eingestuft und der Gemeinsinn ist intakt – aber nicht erdrückend. Wir sind aufeinander angewiesen und unterstützen uns gegenseitig. Man kauft beim örtlichen Gewerbe, ist gemeinsam in der Feuerwehr, und wenn wir Feste feiern, packen alle mit an.

In keiner anderen Schweizer Region wird das Brauchtum so stark gepflegt wie hier. Leben die Appenzeller lieber in der Vergangenheit statt in der Gegenwart?
Wir sind nicht rückwärtsgewandt, sondern ein liberaler, weltoffener Kanton. Wir gehörten zu den am frühesten industrialisierten Regionen Europas, und bis zum Ersten Weltkrieg verkauften wir hochwertige Textilien in die ganze Welt. Wir freuen uns an der Gegenwart und auf die Zukunft. Aber die alten Bräuche geben uns einen guten Boden und fördern den Zusammenhalt. Mein Lieblingsbrauch ist das *Silvesterchlausen*, wo wir mit Rollen, Schellen und einem «Zäuerli» (einen Naturjodel singend, *Anm. d. Red.*) die Jahreswende feiern.

Was ist Ihr grösster Wunsch für die Schweiz?
Dass wir die Zuwanderung meistern und uns die Integration so gut gelingt, wie in den 1960er- und 70er-Jahren mit den Italienern. Dies wird nicht einfach, denn immer mehr Migranten stammen aus einem anderen Kulturraum. Damit wir das schaffen, braucht es den Integrationswillen und die Leistungsbereitschaft seitens der Migranten. Und der Staat muss klare Leitplanken setzen und Forderungen stellen. Wir sollten unsere Werte mehr verteidigen. Aber manchmal habe ich den Eindruck: Dafür fehlt der Gesellschaft der Mut und das Herzblut.

Rosmarie Frehner

48, Zürich (ZH), Pflegefachfrau HF Psychiatrie, ist mit ihrer Partnerin verheiratet.

Was bereitet Ihnen Sorgen, wenn Sie die Welt und die Schweiz betrachten?

Die Demokratie steht heute auf Messers Schneide. In immer mehr Ländern gibt es autokratische, bisweilen sogar faschistische Tendenzen. Es beschäftigt mich, dass die Demokratie so verhandelbar geworden ist. Dass Bevölkerungen bereit sind, demokratische Errungenschaften einfach so aufzugeben. Ich hoffe, dass wir in der Schweiz gegen solche Tendenzen gefeit sind.

Wie tolerant sind Sie selbst gegenüber anderen Meinungen?

Touché – es fällt mir als politisch Linke emotional schon sehr schwer, einen Rechtsaussen auszuhalten, der, als Beispiel, gegen die «Ehe für alle» wettert. Zum Glück kam diese Abstimmung durch; ich weiss nicht, was ich sonst getan hätte.

Sie sind in Appenzell Ausserrhoden aufgewachsen und lieben die Natur. Trotzdem leben Sie seit Ihrem 18. Lebensjahr in Städten. Warum?

In meinem Heimatort Urnäsch war es nicht denkbar, offen homosexuell zu leben. Frauen sollen heiraten und Kinder bekommen. Solche Lebensentwürfe sind wahrscheinlich bis heute noch weit verbreitet. Meine Nichte, die im Nachbardorf wohnt, muss sich Dinge anhören wie: «Wie grosszügig von deinem Mann, dass er dir erlaubt, eine Ausbildung zu machen und allein in die Ferien zu gehen.» Zürich ist eine Oase; hier kann ich mit meiner Frau Hand in Hand flanieren. Aber in manch anderen Städten oder kleineren Orten fallen wir auf, die Leute schauen uns an und ich spüre keine Wärme. Es ist eine Illusion, dass Homosexualität in unserer Gesellschaft vollständig akzeptiert und kein Thema mehr ist.

Was stört Sie am meisten an der nationalen Politik?

Bei der letzten Bundesratswahl musste eine Kandidatin allen Ernstes über ihre Kinderbetreuung Auskunft geben. Als beispielsweise Berset gewählt wurde, war das nie ein Thema, obwohl er auch Kinder hat. Was für ein Affront! Generell nehme ich Politikerinnen und Politiker als berechnend wahr, besonders vor den Wahlen geraten Themen ins Abseits, die Wählerstimmen kosten könnten.

Welche Folgen des Klimawandels beschäftigen Sie?

Gerade aktuell die extrem heissen Sommer, die verschobenen Jahreszeiten, die Winter ohne Schnee, das macht schon Angst. Rottannen werden längerfristig aussterben, unsere Arven ersetzt werden durch Bäume, die ein milderes Klima ertragen. Schädlinge werden nicht mehr dezimiert, wenn es im Winter nicht mehr so kalt ist. Wie zum Beispiel der Borkenkäfer, der sich so enorm verbreiten und Schaden anrichten kann. Ausserdem sind Wanderwege oft gesperrt wegen Steinschlag. Weitere Themen sind Gletscherschwund und vor allem der Wassermangel – ich fürchte, im nächsten Krieg wird es um Wasser gehen, nicht mehr um Öl.

Beobachten Sie auch das Artensterben?

Sehr. Das wird auch von verschiedenen Stellen bestätigt. Meine Mutter war leidenschaftliche Imkerin, das Bienensterben finde ich fürchterlich. Zum Beispiel gibt es in China Regionen, wo Menschen von Hand Pflanzen und Bäume bestäuben müssen, weil es keine Insekten mehr gibt. Ich hoffe einfach, dass es bei uns nie so warm wird, dass Giftschlangen heimisch werden (*lacht*).

Was wünschen Sie sich für die Schweiz?

Mehr Nationalparks, und dass wir generell für die Berge, die Natur konsequenter Sorge tragen. Und für die Gleichberechtigung der Frauen ist leider immer noch viel zu tun. Konkret: die Reform der zweiten Säule und Bekämpfung der Altersarmut. Ausserdem braucht es Verbesserungen der externen Kinderbetreuung mit gut bezahltem und gut ausgebildetem Personal, die Verbesserung der generellen Chancengleichheit und Schutz vor jeglicher Gewalt gegen Frauen und Kinder.

Esther Stoisser

62, Samedan (GR), ist seit 47 Jahren Skilehrerin im Engadin, verheiratet, zwei Söhne.

Was bereitet Ihnen Sorgen, wenn Sie die Welt und die Schweiz betrachten?

Dass sich immer mehr Länder von der Demokratie abwenden. Das gefährdet den Freihandel, führt zu sozialen Umwälzungen und bedroht den Weltfrieden. Es ist beängstigend, wie die politischen Unruhen rund um die Welt zunehmen.

Stellen Sie auch in der Schweiz beunruhigende Tendenzen fest?

Bei uns läuft vieles sehr gut. Aber was mich beschäftigt, ist der grosse Einfluss der Lobbys, insbesondere der Wirtschaft. Wir sollten aufpassen, dass solche Einzelinteressen nicht zu stark vertreten sind. Vermutlich wäre es daher besser, wenn alle gewählten Politiker ihre Verwaltungsratsmandate abgeben müssten, so wie das heute schon für den Bundesrat gilt. Bedauerlich find ich auch, dass wir Schweizer unsere gewachsene Demokratie zu wenig wertschätzen und immer öfter der Wahlurne fernbleiben.

Fühlt man sich als Bewohnerin eines Bergkantons von der Regierung in Bern manchmal vergessen?

Das Oberengadin ist dank der starken Tourismuswirtschaft privilegiert und keine typische Bergregion. Insofern fühle ich mich nicht benachteiligt. Aber würde man meine Schwester fragen, die in Schiers im Prättigau lebt, wo es kaum Touristen gibt, würde die Antwort vielleicht anders ausfallen.

Hat der Tourismus auch Schattenseiten?

Mir gefällt das internationale Flair in unserem Tal. Aber klar, es ist nicht nur einfach, in der Nähe von Menschen zu leben, die sehr viel Geld haben. Der enorme Bauboom bedroht die Landschaft und er befeuert die Immobilienpreise. Störend finde ich auch die Zunahme von Leuchtreklamen.

Befürchten Sie als Skilehrerin, infolge der Erderwärmung und des Schneemangels arbeitslos zu werden?

Ich bin schon älter und gehe nicht davon aus, dass ich davon noch betroffen sein werde. Aber die Auswirkungen sind schon eklatant. Die Schneemengen schwinden, und von meinem Stubenfenster sehe ich täglich, wie die Eisdecke des Morteratschgletschers schmilzt und immer mehr Felsen hervorschauen. In meinem Garten hier oben auf 1800 Metern waren früher Kartoffeln das Mass aller Dinge. Heute sind Zucchetti eine Selbstverständlichkeit, und neuerdings wachsen mit etwas Pflege sogar die frostempfindlichen Buschbohnen, das heisst auch die Nächte sind für diese Höhenlage zu warm.

Beobachten Sie auch den Rückgang der Artenvielfalt?

Leider, ja. Einerseits verschwinden Tiere wie Schneehasen, Schneehühner oder Auerhähne. Gleichzeitig gibt's seit einigen Jahren auch hier oben Zecken. Und mein Mann, der als Head-Greenkeeper zwei Golfplätze betreut, hat neuerdings mit dem Gartenlaubkäfer zu kämpfen, der grossen Schaden anrichtet.

Was wünschen Sie sich für die Schweiz?

Dass wir offen bleiben für Veränderungen und gleichzeitig unsere Identität bewahren können. Wir sind seit jeher ein sehr internationales Land, und wir haben das friedliche Zusammenleben immer sehr gut hingekriegt. Ich hoffe, dass uns dies auch künftig gelingt, gerade weil die Migration weiter zunehmen wird.

Und wo ist die Schweiz für Sie am schönsten?

Am Lej da Staz – oder Stazersee, wie er auf Deutsch heisst. Er ist heute weltbekannt, aber für mich ist er schon seit der Kindheit ein magischer Ort.

SAMEDAN

Lina
Friedli

18, Lenzburg (AG), Tiermedizinische Praxisassistentin im dritten Lehrjahr, ledig, Hobbys: Team-Aerobic und Leiterin der Jugendgruppe des Natur- und Vogelschutzvereins, besitzt zu Hause neben einer Katze auch Stabheuschrecken und ein Bienenvolk.

Was bereitet Ihnen Sorgen, wenn Sie die Welt und die Schweiz betrachten?

Dass die Wirtschaft über dem Naturschutz steht und immer noch das Wachstum das Wichtigste ist. Wenn wir immer noch mehr wollen, dann gibt es bald kein Zurück mehr. Dann ist die Umwelt nicht mehr rettbar.

Werden wir dank Innovationen und smarter Technologien den Klimawandel stoppen?

Eine Super-Erfindung wäre natürlich ideal, aber darauf dürfen wir uns nicht verlassen. Wir müssen Verantwortung übernehmen und mit den vorhandenen Mitteln den Klimawandel bekämpfen.

Tun wir das nicht bereits?

Viel zu halbherzig. Wir müssen unseren Energieverbrauch viel massiver senken. Es braucht höhere CO_2-Abgaben fürs Autofahren und Fliegen, und der öffentliche Verkehr muss verbilligt werden. Aber auch viele kleine Massnahmen müssen endlich umgesetzt werden: So gehören die Schaufensterbeleuchtungen in der Nacht sofort abgestellt.

Verstehen Sie sich als Teil der sogenannten Klimajugend?

Ich teile deren Ansichten und bin froh, dass demonstriert wird. Aber mir entspricht das nicht. Statt auf die Strasse zu gehen, tue ich lieber konkret etwas für die Umwelt, besonders für die Biodiversität.

Wie kommen Sie auf dieses Thema? Das Artensterben vollzieht sich doch still und weitgehend unbemerkt.

Ich arbeite beruflich mit Tieren und habe meine Abschlussarbeit über das Insektensterben in der Schweiz geschrieben. Mehr als die Hälfte der Arten sind vom Aussterben bedroht. Schuld daran sind neben der Zersiedlung auch die Monokulturen und Pflanzenschutzmittel in der Landwirtschaft. Wir sollten komplett auf biologische Landwirtschaft umstellen. Aber auch jeder und jede Einzelne kann mehr machen.

Woran denken Sie?

Viele Tier- und Pflanzenarten sind glücklicherweise enorm widerstandsfähig und kehren im Nu zurück, wenn wir ihren Lebensraum renaturieren. Zwei Beispiele: Lässt man im Garten an einigen Stellen einheimische Blütenpflanzen wachsen, statt den ganzen Rasen zu mähen, kommen die Wildbienen zurück. Und durch selteneres und wechselseitiges Mähen der Böschungen von Wanderwegen und Strassen kann sichergestellt werden, dass nicht schlagartig die kompletten Blütenpflanzen und damit das Nahrungsangebot für viele Insekten wegfällt.

Sind Sie angesichts dieser Zerstörung wütend auf die Generationen Ihrer Eltern und Grosseltern?

Wut ist das falsche Wort, Unverständnis trifft es besser. Wie konnte man das nur geschehen lassen? Es ist doch schon seit Jahrzehnten klar, dass wir so nicht weitermachen können.

Ähnliches gilt für die Altersvorsorge. Gehen Sie davon aus, dass Ihre Rente noch gesichert ist?

Nein, und ich hoffe sehr, dass wir eine faire AHV-Lösung finden. Es wäre gerechter, wenn alle etwas weniger bekommen, statt die heutigen Rentner viel und die nächsten Generationen fast nichts.

Sind Sie trotz dieser Probleme optimistisch, ein gutes und friedliches Leben führen zu können?

Auf jeden Fall, es gibt ja auch viele Fortschritte. In der Gendergerechtigkeit wurde viel erreicht und auch in der Gleichberechtigung von Mann und Frau geht es vorwärts.

Was ist Ihr grösster Wunsch für die Schweiz?

Dass sich alle bewusst werden, dass wir gemeinsam für eine intakte Umwelt eintreten müssen. Und dass wir bereit sind, den Preis dafür zu bezahlen. Ich für meinen Teil bin jedenfalls bereit, eine Wohlstandsminimierung in Kauf zu nehmen.

Susanne Siegenthaler

44, Sachseln (OW), Berufsmilitärpilotin, Keynote-Speakerin, Schulrätin, verheiratet, zwei Kinder.

Was bereitet Ihnen Sorgen, wenn Sie die Welt und die Schweiz betrachten?

Die Knappheit der Ressourcen wie Erdöl oder Wasser, die Klimaerwärmung und die zunehmenden politischen Spannungen, die dazu führen, dass die Welt unsicherer wird. In der Schweiz beschäftigt mich, wie sich der Umgangston verändert hat: In Medien, der Gesellschaft und der Politik verhalten sich die Menschen immer aggressiver, unanständiger und intoleranter gegenüber Andersdenkenden. Das polarisiert nur, führt aber selten zu konstruktiven Lösungen.

Sie sind eine von nur sieben Berufsmilitärpilotinnen der Schweizer Armee. Wie sind Sie dazu gekommen?

Ich stamme aus einer Flieger-Familie. Schon mein Vater war Privatpilot, mein Mann ist ebenfalls bei der Luftwaffe und mein Bruder ist Linienpilot. Helikopter haben mich schon immer fasziniert, und weil die Armee faszinierende Helikopter hat, bin ich dort Pilotin geworden. Mein Alltag ist sehr abwechslungsreich, so mache ich etwa Überwachungsflüge für die Grenzwacht, Suchflüge für die Rega oder bin bei Grossanlässen wie dem Weltwirtschaftsforum im Einsatz. Die Schweiz von oben zu erkunden, ist für mich auch nach über 20 Jahren immer noch faszinierend. Am schönsten ist es sehr früh am Morgen, wenn es noch ruhig und noch nicht viel Thermik vorhanden ist.

Der Flugverkehr belastet das Klima. Gehen Sie davon aus, dass Sie in Ihrer Karriere noch einen nachhaltigen E-Flieger pilotieren werden?

Das wäre schön. Aber Tatsache ist, dass sich der Luftverkehr nicht so einfach elektrifizieren lässt wie der Strassenverkehr. Vorher wird es vermutlich Flugzeuge geben, die mit synthetischem oder Bio-Kerosin angetrieben werden. Klar ist: Die Entwicklung der letzten Jahrzehnte hin zu den Billigflügen war ein Irrsinn, katastrophal für die Umwelt – und auch für die Airlines. Früher war Fliegen ein Luxusgut. Man sollte wieder bewusster fliegen und dafür einen angemessenen Preis zahlen. Und ich muss an dieser Stelle gestehen: Pilotin ist nach wie vor mein Traumberuf.

Sollte der Wehrdienst auch für Frauen obligatorisch sein?

Da bin ich gespalten. Einerseits täte es der Gesellschaft gut, und im Sinne der Gleichberechtigung fände ich es sinnvoll, wenn es für alle eine allgemeine Dienstpflicht gäbe – dies müsste nicht einmal zwingend Militärdienst sein. Andererseits ist die Gesellschaft noch nicht dazu bereit, und es müssen noch einige Problemfelder angegangen werden. Unser System muss beispielsweise bereit sein, die ausserfamiliäre Betreuung sicherzustellen, wenn eine Mutter drei Wochen im Wiederholungskurs ist. Heute ist dies leider noch nicht allerorts gegeben.

Sie engagieren sich in Ihrer Wohngemeinde als Schulrätin. Wo sehen Sie den grössten Handlungsbedarf in der Bildungspolitik?

Grundsätzlich finde ich unsere Volksschulen und das duale Bildungssystem super. So haben alle Kinder Zugang zu einer guten Ausbildung. Das müssen wir unbedingt beibehalten. Ob alle heutigen Bestrebungen zielführend sind, kann ich nicht beurteilen. Die Eingliederung von lernschwachen oder beeinträchtigten Kindern in Regelklassen ist zwar sehr sozial, führt auf der anderen Seite aber auch zu Problemen, braucht es doch neben der Lehrperson oft zusätzlich eine Klassenassistenz, einen Sozialpädagogen und eine Lehrperson für integrative Förderung. Ebenso ist das Erlernen von Sprachen in unserer multilingualen Schweiz und global vernetzten Gesellschaft unabdingbar. Ich frage mich, ob die heutige Form des Spracherlernens wirklich die richtige ist oder ob es da nicht bessere Wege gäbe.

Sie haben selbst zwei schulpflichtige Kinder. Wird es der nächsten Generation auch noch so gut gehen wie uns?

Sie wird die Folgen der geerbten Lasten zu spüren bekommen, sei dies bezüglich Klimawandel, Energiemangel oder Altersvorsorge. Und das wird weltweit sehr viele Tribute fordern und den Lebensstandard vermutlich senken. In der Schweiz leben wir «noch» auf einer Wohlstandsinsel. Ich hatte nie Existenzängste, auch fühlte ich mich in der Schweiz stets sicher. Ich wuchs auf mit dem Mindset: «Ich kann alles erreichen und mir steht die Welt offen.» Das ist ein wunderbares Gut und ich bin dankbar dafür. Ich hoffe sehr – und werde alles dafür tun –, dass meine Kinder mit derselben Einstellung aufwachsen können.

Anton Glauser

72, Basel (BS), pensionierter Ingenieur und Lehrer, Hobbyfotograf, verheiratet, sieben Kinder, zehn Enkelkinder.

Was bereitet Ihnen Sorgen, wenn Sie die Welt und die Schweiz betrachten?

Der Eigennutz all jener Menschen, die nie genug bekommen können und den anderen nichts gönnen. Eine Haltung, die zu Kriegen und zur Umweltzerstörung führt. Sehr beunruhigend finde ich auch, dass kritisches Denken für viele Menschen eine Fremdsprache ist. Statt selbst zu denken, stützen sie sich lieber auf Werbung oder irgendwelche Influencer – eine Gefahr für die Demokratie.

Fühlen sie sich von Bundesbern gut vertreten?

Meistens, aber während der Covid-Pandemie ging der Staat zu weit. Klar brauchte es Schutzmassnahmen, aber dass sich zum Beispiel sterbende Menschen nicht von ihren Angehörigen verabschieden durften, fand ich inakzeptabel. Ich begreife bis heute nicht, dass sich die Schweizer Bevölkerung das bieten liess.

Wie könnten wir die Umwelt besser schützen?

Indem wir den Energiekonsum viel höher besteuern. Ich kenne niemanden, der weniger Auto fährt, wenn das Benzin 2.10 Franken statt 1.50 Franken kostet. Absolut lachhaft ist auch, dass es keine Besteuerung des Kerosins für Fluggesellschaften gibt. Es muss richtig weh tun, damit wir sparen. Energie müsste etwa das Zehnfache kosten. Ein zusätzlicher Vorteil:

Wir könnten dafür die Einkommenssteuern massiv senken.

Ist die Schweiz nicht viel zu klein, um den Klimawandel zu verlangsamen?

Das ist eine faule Ausrede, um nichts tun zu müssen und die eigenen Pfründen und den Wohlstand zu schützen. Das Gegenteil ist wahr: Die Schweiz ist zwar klein, aber sie ist für viele ein Vorbild. Und wenn sie zeigt, dass etwas funktioniert, dann ziehen andere Länder sehr schnell nach.

Was tun Sie persönlich für den Umweltschutz?

Ich habe mein Auto vor über 30 Jahren meinem Bruder geschenkt und fahre seither meist Velo. Zudem war ich eines der ersten Mitglieder von Mobility und habe das Carsharing auch bei meinem damaligen Arbeitgeber eingeführt.

Sie sind Hobbyfotograf: Wo ist die Schweiz für Sie am schönsten?

Unsere Berge sind faszinierend. Ganz besonders dort, wo Natur und Ingenieurskunst aufeinandertreffen. Ich denke an die monumentalen Bogenstaumauern oder Eisenbahnbrücken.

Als siebenfacher Vater und zehnfacher Grossvater: Was ist Ihr grösster Wunsch für die Zukunft der Schweiz?

Dass die Schweiz etwas weltoffener wird, und vor allem, dass sie nicht immer aufs Geldverdienen und auf den eigenen Vorteil bedacht ist. Wir sollten die Neutralität zwar nicht abschaffen, aber etwas anpassen. Damit wir – wie im Falle der Ukraine – auch glasklar für die Demokratie eintreten können.

Andreas Schneckenburger

31, Rüdlingen (SH), Polier, verheiratet, zwei Kinder.

Was bereitet Ihnen Sorgen, wenn Sie die Welt und die Schweiz betrachten?

Egal, um welches Thema es geht: Immer ist es schon fünf Minuten vor zwölf. Das hat man während der Corona-Pandemie schön gesehen. Die eine Hälfte war der Ansicht, jetzt müssen sofort Massnahmen ergriffen werden. Die andere Hälfte fand, jetzt müssen die Massnahmen sofort aufgehoben werden. Kaum jemand sagte: «Lasst uns einen Mittelweg suchen.» Es fehlt leider oft am Verständnis für andere Lebensumstände, für andere Grundeinstellungen.

Sind Sie selbst mit jemandem befreundet, der eine ganz andere politische Haltung hat als Sie?

Nicht, was die grundsätzliche Gesinnung betrifft. Es gibt aber schon gewisse Streitthemen, in denen ich eine andere Haltung vertrete als die meisten in meinem Umfeld. Ich bin zum Beispiel ein Verfechter eines bedingungslosen Grundeinkommens. Wichtig ist einfach, dass man sich am nächsten Morgen noch ins Gesicht schauen und auch mal über sich selbst lachen kann.

Finden Sie die Idee eines Bürger:innenrats gut?

Grundsätzlich nein. Ein solcher Rat würde die Parteien und ihre Funktion übersteuern. Wenn die Parteien nicht mehr auf die Bürger hören, dann werden sie über kurz oder lang abgewählt.

Man kann sich ja politisch engagieren, wenn einen etwas stört, zum Beispiel eine Initiative lancieren oder in einer Partei mitmachen.

Gibt es etwas, das Sie an der nationalen Politik besonders stört?

Immer mehr Parlamentarier machen hauptberuflich Politik. Ich glaube, dass das den Bezug zur Mitte der Gesellschaft erschwert. Wir leben doch als Land das Milizsystem, und wir wären schlecht beraten, in die gleiche Richtung zu gehen wie unsere Nachbarländer. Politik sollte in den Wohnzimmern und in den Sälen der Gemeinden und Städte stattfinden.

Ist die Schweiz zu klein, um den Klimawandel zu verlangsamen?

Auch wenn die Schweiz als kleines Land nur für einen relativ kleinen Anteil des weltweiten CO_2-Ausstosses verantwortlich ist, wäre es falsch, auf andere zu zeigen und zu sagen: «Sollen die zuerst mal schauen.» Es ist auch heuchlerisch, in einer global vernetzten Welt zu leben, in der wir alles importieren, und zu meinen, wir könnten mit Kompensationen das Klima retten. Es wäre ehrlicher, wenn wir aus gewissen Gegenden nichts mehr importieren würden. Nicht, dass ich anderen etwas verbieten möchte, aber für mich spielt es eine grosse Rolle, woher ein Produkt stammt. Verzicht ist nicht nur schlecht.

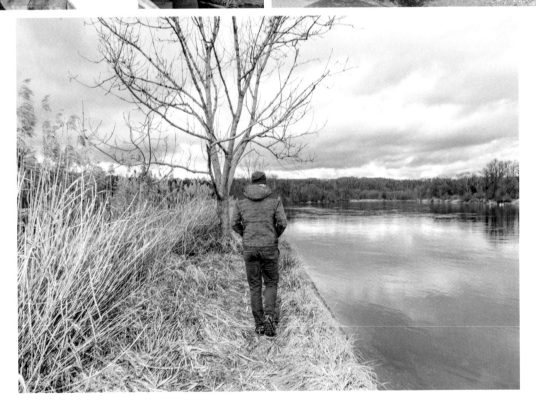

Françoise Haag

70, Morat (FR), pensionierte Postangestellte, verheiratet, drei Kinder, vier Enkelkinder, die sie mehrere Tage pro Woche betreut.

Was bereitet Ihnen Sorgen, wenn Sie die Welt und die Schweiz betrachten?

Die Zunahme der Kriege auf der Welt, die verhindern, dass wir die wichtigen Probleme der Menschheit wie Armutsbekämpfung und Klimaschutz angehen. Und die aktuelle wirtschaftliche Lage, die Inflation und die steigenden Lebenskosten, die auch in der Schweiz zunehmend unerträglich werden.

Woran erkennen Sie die Zunahme der Armut?

Beispielsweise beim Einkaufen, wo immer mehr Leute Billigprodukte ins *Wägeli* legen. Qualitativ hochwertige Produkte und Bioprodukte sind für viele Leute unerschwinglich. Bei der Lebensmittelausgabe in einer mir bekannten Kirchengemeinde wird der Andrang immer grösser. Beim Bahnhof Freiburg versammeln sich immer mehr junge Männer, die offensichtlich keiner Arbeitstätigkeit nachgehen. Ich vermute, dass viele davon Flüchtlinge sind. Diese Situation empfinde ich manchmal als unangenehm und traurig.

Wie soll die Politik auf die steigenden Geflüchtetenzahlen reagieren?

Ich kann verstehen, dass die Geflüchteten ihre Heimat verlassen haben; ich würde an ihrer Stelle wohl das Gleiche tun. Aber es ist kein Ende in Sicht, und die westlichen Länder sind überfordert, wenn immer mehr Menschen kommen. Eine Lösung kenne ich nicht, aber es scheint mir klar: Das Thema sollte in Bundesbern nicht der SVP überlassen werden. Es muss eine bessere, offene Diskussion stattfinden. Das gilt auch für das Thema der Zuwanderung von gut ausgebildeten Menschen, die zum Arbeiten zu uns kommen.

Was schlagen Sie vor?

Das Bevölkerungswachstum bewirkt eine Wohnungsnot. Diese treibt die Mieten in die Höhe. Das ist auch bei uns in Murten zu spüren. Wohnen ist ebenso ein Grundbedürfnis wie Essen. Vielleicht sollte die Politik stärker eingreifen. Beispielsweise sollte sie gegen die Immobilienspekulation vorgehen.

In der Schweiz werden 33 Prozent der Kinder im Alter von null bis zwölf Jahren regelmässig von ihren Grosseltern betreut. Wie oft hüten Sie Ihre vier Enkelkinder?

Ich betreue sie seit 13 Jahren regelmässig. Die zwei ältesten, welche in Frankreich wohnen, verbringen einen grossen Teil ihrer Schulferien bei mir. Die beiden jüngeren Enkelkinder betreue ich an zwei bis drei Tagen pro Woche, oft auch «all inclusive», also mit Übernachtung. Weil ich sie regelmässig betreue, habe ich mit 60 meinen Spitex-Job aufgegeben. Inzwischen bin ich 70, aber wenn es sein muss, dann krieche ich noch heute mit den Kindern auf dem Boden herum.

Gesamthaft leisten die Grosseltern in der Schweiz 160 Millionen Betreuungsstunden pro Jahr. Das entspricht schätzungsweise Arbeit im Wert von acht Milliarden Franken. Sollten Sie dafür entlöhnt werden?

Wer soll das denn zahlen? Ich will kein Geld, aber etwas mehr Anerkennung. Ich finde generell, dass der Freiwilligenarbeit mehr Wertschätzung entgegengebracht werden sollte. Ich betreue meine Enkel sehr gern und finde es sehr erfüllend. Und ich will meinen Kindern damit etwas zurückgeben. Ich sehe das auch als Ausgleich dafür, dass sie später einmal weniger Rente haben werden und es generell schwieriger haben als wir.

Leben die Alten heute auf Kosten der Jungen?

Absolut. Klar haben wir viel gearbeitet. Aber viele Rentnerinnen und Rentner verfügen über eine sehr gute Rente, die teilweise zu Lasten der Jungen geht. Der Wohlstandsboom ist vorbei, und wir müssen unsere Sozialsysteme dringend überdenken. Die erste Säule sollte gestärkt werden, weil sie sozial ist. Die Heiratsstrafe gehört abgeschafft, und wir sollten dafür sorgen, dass man künftig mit der AHV die Lebenskosten bestreiten kann, ohne auf Ergänzungsleistungen oder Sozialhilfe angewiesen zu sein.

Fribourg gehört mit Bern und Wallis zu den drei offiziell zweisprachigen Kantonen der Schweiz. Aber nur 5.1 Prozent aller Fribourgerinnen und Fribourger bezeichnen sich als zweisprachig. Sie auch?

Ja. Meine Mutter stammte aus dem französischsprachigen Teil des Kantons Fribourg und sprach ausschliesslich Französisch. Mein Vater war Sensebezirkler und sprach Deutsch. Am Familientisch wurde Französisch gesprochen, aber ich ging in Fribourg in eine deutschsprachige Schule und habe einen deutschsprachigen Mann geheiratet. Daher habe ich beide Sprachen verinnerlicht. Wobei interessant ist: Ich träume stets auf Französisch. Vielleicht sprechen wir ja nicht zufällig von der Mutter- und nicht von der Vatersprache.

Anja Ruf

21, Schaffhausen (SH), Konditorin/Confiseurin, Spezialität: Tartelettes.

Was bereitet Ihnen Sorgen, wenn Sie die Welt und die Schweiz betrachten?

Mich beunruhigt der Krieg in der Ukraine und mir fehlt das Miteinander statt des Gegeneinanders. Viele Menschen sind ziemlich egoistisch, man lässt sich nicht mehr leben, wie man ist, und es wird vorschnell über andere geurteilt. Wenn man etwas Falsches sagt oder anders ist, wird man sofort an den Pranger gestellt.

Haben Sie das auch schon selbst erlebt?

In der Sekundarschule waren wir in meiner Klasse nur zwei Schweizer Kinder. Da wurden wir von den anderen oft ausgeschlossen und gehänselt, ich wurde «Heidi» genannt. Das war schwierig.

Schaffhausen ist der einzige Kanton, in dem ein Obligatorium für Abstimmungen und Wahlen gilt. Wer diese Pflicht ohne Entschuldigung versäumt, hat sechs Franken zu zahlen. Finden Sie diesen Stimmzwang gut?

Ja, denn dadurch haben wir die höchste Stimmbeteiligung aller Kantone. Auch ich gebe meine Stimme, wann immer möglich, ab. Manchmal ist ein Thema so kompliziert, dass ich nicht wirklich verstehe, um was es hier geht, dann lege ich leer ein. Ich fände es hilfreich, wenn die Vorlagen im Abstimmungsbüchlein etwas einfacher beschrieben und besser erklärt würden.

Die Generation Z gilt auch als Generation «Greta». Gleichzeitig aber – so kritisiert die *New York Times* – passe die Klimajugend ihr Konsumverhalten nicht an. Zu Recht?

Ich finde es übertrieben, uns als «Klimajugend» zu bezeichnen. Es gibt bestimmt solche, die selbst machen, wofür sie eintreten. Andere hingegen demonstrieren fürs Klima und machen übers Wochenende mit dem Flugzeug einen Städtetrip. Und dann gibt es noch diejenigen, die sich gar nicht fürs Klima interessieren. Meine Meinung ist: Jeder soll bei sich selbst anfangen und nicht «Wasser predigen und Wein trinken». Ich persönlich fahre zum Beispiel Auto, aber dafür nutze ich praktisch nie das Flugzeug.

Laut Umfragen legt Ihre Generation sehr viel Wert auf eine gute Work-Life-Balance. Lässt sich dies mit Ihrem Beruf als Confiseurin vereinbaren?

Absolut. Ich muss zwar um 4.50 Uhr aufstehen und beginne um 5.30 Uhr mit der Arbeit, aber dafür bin ich schon um 14.30 Uhr fertig. So habe ich genug Zeit, um auch im Winter bei Tageslicht einen Spaziergang in der Natur zu machen oder zum Fitnesstraining zu gehen. Ich denke, meine Work-Life-Balance ist besser, als wenn ich den ganzen Tag im Büro sitzen und meine Hobbys auf den Abend verschieben müsste.

Der Fachkräftemangel auf dem Schweizer Arbeitsmarkt befindet sich auf einem historischen Höchststand. Zeigt sich das auch in Ihrer Branche?

Und wie. Als ich vor einem halben Jahr eine neue Stelle suchte, habe ich mich bei sechs Konditoreien beworben und ich hätte überall anfangen können. Heute will fast niemand mehr Confiseur werden. In der Berufsschule waren wir nur drei Lehrlinge. Die Arbeitszeiten und die Bezahlung schrecken die meisten ab. Der Mindestlohn wurde zwar kürzlich auf 4200 Franken erhöht, aber es ist schwierig, damit eine Familie zu ernähren.

Apropos Familie: Sie sind 21 Jahre alt – was machen Sie in zehn Jahren?

Ich hoffe, dass ich dann eine eigene Familie habe. Ich wünsche mir mindestens zwei und höchsten vier Kinder. Irgendwann wird es zu teuer. Daneben will ich ein bis zwei Tage arbeiten, um nichts zu verlernen. Ich finde, dass sich auch der Vater an der Kinderbetreuung beteiligen und eine enge Beziehung zu den Kindern aufbauen sollte. Die Kita kommt für mich nicht infrage. Meine Mutter war stets für mich da – das habe ich sehr genossen und so sollen es meine Kinder auch einmal haben.

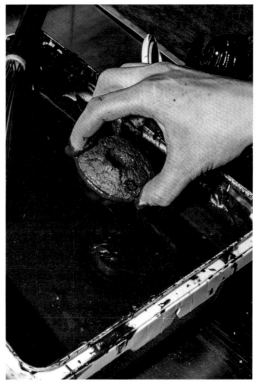

Marina Hauser

53, Glarus (GL), freischaffende Künstlerin, verheiratet, eine Tochter, ihre Bilder wurden schon schweizweit ausgestellt und bis nach Taiwan verkauft.

Was bereitet Ihnen Sorgen, wenn Sie die Welt und die Schweiz betrachten?

Die globale politische Situation, natürlich vor allem die Kriege, die Diktaturen, welche die westliche Welt infrage stellen. Auch mache ich mir um die Zukunft der jungen Generation Sorgen.

Engagieren Sie sich persönlich politisch?

Im Kanton Glarus ist ja die Landsgemeinde sehr wichtig. Sie ist für mich die direkteste Form der Demokratie. Da bin ich sehr aktiv dabei. Man steht im Ring zusammen, hört den Rednerinnen und Rednern zu, tauscht sich mit den Nachbarn aus, diskutiert. Die Jugend ist sehr präsent. Da kann eine spannende Eigendynamik entstehen. Manchmal stürzen die Bürgerinnen und Bürger eine Vorlage um oder machen etwas Neues daraus.

Was war das Spannendste, was Sie in dieser Hinsicht an einer Landsgemeinde erlebten?

Die Landsgemeinde beschloss zum Beispiel, die Anzahl der Gemeinden radikal von 25 auf drei zu reduzieren. Die Vorlage der Regierung hatte noch zehn Gemeinden vorgesehen. Das war richtig magisch. Und 2021 haben wir Glarner Bürgerinnen und Bürger völlig überraschend das strengste Energiegesetz der Schweiz beschlossen. Ich bin stolz, dabei gewesen zu sein und sagen zu können: Da habe ich mitgewirkt.

Sie sind Künstlerin. Fühlen Sie sich von der nationalen Politik repräsentiert?

Nein, auf nationaler Ebene eigentlich nicht. Ich stelle fest, dass häufig ein paar wenige Künstler gefördert werden, die schon einen Namen haben. Gerade in der Corona-Zeit sind wir freischaffenden Künstlerinnen und Künstler im Gegensatz zu Leuten aus der Event-Branche nicht genügend unterstützt worden, auch finanziell nicht.

Und auf kantonaler Ebene?

Da fühle ich mich gut aufgehoben und gestützt. Der Kanton Glarus hat mir schon den Werkpreis verliehen und Bilder angekauft. Auch durfte ich durch eine Stiftung, welche der Kanton Glarus unterstützt, in einen zweimonatigen Atelieraufenthalt nach Berlin.

Was wollen Sie mit Ihrer Kunst bewegen?

Ich versuche, mit meiner Kunst die Menschen zu beglücken, sie erfahren zu lassen, dass es Schönheit gibt. Wir alle sollten uns wieder mehr an Kleinigkeiten erfreuen können.

Eduard Müller

69, Seelisberg (UR), ehemaliger Denkmalpfleger und Konsulent der Eidgenössischen Natur- und Heimatschutzkommission, verheiratet, ein Sohn.

Was bereitet Ihnen Sorgen, wenn Sie die Welt und die Schweiz betrachten?

Die Kriegssituation in Europa und die Klimafrage, bei der wir uns so schwertun, uns zusammenzuraufen und Lösungen zu finden. Wobei wir westlichen Länder besonders viel Verantwortung tragen.

Und was sollte sich in der Schweizer Politik ändern?

Ich finde, wir sollten die Sitze im Bundesrat nach der effektiven Parteienstärke verteilen, das wäre näher beim Wählerwillen. Ausserdem gilt es, den Reformstau bei den Sozialwerken endlich zu überwinden. Und wir sollten über die Neutralität nachdenken – es muss einfach möglich sein, einem Land mit Waffenlieferungen zu helfen, das ungerechtfertigt angegriffen und in seiner Existenz bedroht wird.

Sie leben ganz in der Nähe der symbolträchtigen Rütliwiese. Empfinden Sie die wachsende gesellschaftliche Polarisierung als Gefährdung unserer Demokratie?

Natürlich haben sich die Debatten in den letzten Jahren – nicht zuletzt durch Corona – verschärft, aber ich würde die Situation nicht dramatisieren: Die Demokratie ist die einzige Staatsform, die von der Bevölkerung kritisiert werden kann und auch kritisiert werden soll. Nur so kommen wir vorwärts. Durch diese Auseinandersetzung mit dem Staat werden uns auch immer wieder dessen Qualitäten bewusst gemacht. Und die will letztlich niemand missen.

Wie beurteilen Sie als langjähriger Denkmalpfleger den oft diskutierten Zielkonflikt von Umweltschutz und Denkmalpflege?

Unsere historischen Ortsbilder und Denkmäler, aber auch unsere wunderbaren Natur- und Kulturlandschaften stiften Identität und stützen damit die Demokratie. Mir ist wichtig, dass solche Argumente in die Diskussion einfliessen, wenn es um Solarpanels oder Windräder geht. Die Rechtsstaatlichkeit muss erhalten bleiben, und die Vor- und Nachteile für die Gesellschaft sind sorgfältig abzuwägen, bevor man etwas unwiederbringlich zerstört.

Als Konsulent der Eidgenössischen Natur- und Heimatschutzkommission beschäftigen Sie sich mit der Bedrohung der Biodiversität. Erleben Sie diese auch in Ihrem Alltag?

Natürlich, hier nur zwei Beispiele: Als wir in meiner Kindheit im Familienauto abends durch die Landschaften fuhren, waren die Windschutzscheiben jeweils voller Insekten. Heute bleiben sie praktisch insektenfrei. Auch die Vogelwelt war in meiner Jugend viel umfangreicher und vielfältiger.

Was macht für Sie die Schönheit der Schweiz aus?

Das Grossartige an unserem Land ist seine enorme landschaftliche und kulturelle Vielfalt. Und zu der gehören nicht nur die weltbekannten Objekte wie der Aletschgletscher, der Bündner Nationalpark, die Kathedrale von Lausanne oder die Burgen von Bellinzona, sondern auch viele, viele Kleinode. Ich denke an abgelegene Moorgebiete, intakte Bergtäler, kleine, historische Städte und Bauernhauslandschaften, in denen die Zeit stehen geblieben zu sein scheint.

Was wünschen Sie der Schweiz?

Ich wünsche der Schweiz gute Freunde. Davon hat sie auf dieser Welt zurzeit nur noch sehr wenige.

Michael Hofer

42, Winterthur (ZH), bezieht wegen Autismus eine Invalidenrente, ledig, ist seit 2006 *Surprise*-Verkäufer in Zürich und Luzern, am meisten Hefte verkauft er jeweils am Samstag und im Dezember, er ist ausserdem Klimaaktivist, Eisenbahn- und Fussballfan.

Was bereitet Ihnen Sorgen, wenn Sie die Welt und die Schweiz betrachten?

Der Ukrainekrieg und der Rechtsrutsch in europäischen Ländern wie Ungarn, Polen oder Italien. Das könnte für uns alle schlimme Folgen haben und dazu führen, dass der Faschismus wieder überhandnimmt. Aber am meisten beschäftigt mich der Klimawandel, und ich versuche, dagegen etwas zu tun.

Wie engagieren Sie sich?

Ich habe schon vor 20 Jahren für Greenpeace Solarpanels auf Dächern montiert. Und ich habe für unzählige ökologische Referenden und Initiativen Unterschriften gesammelt. Eine Initiative habe ich sogar selbst lanciert. Sie verlangte, dass Firmen, die Umwelt- und Gesundheitsschäden verursachen, dafür haften sollen. Leider kam sie wegen mangelnder Unterschriften nicht zustande.

Wie können wir den Klimawandel stoppen?

Indem wir die Ölkonzerne entmachten, die blockieren alles. Ausserdem sollten wir die ÖV-Tickets vergünstigen und den Zugverkehr aus- statt abbauen. In meiner Kindheit gab es noch Lokalzüge zwischen Koblenz und Laufenburg oder zwischen Solothurn und Herzogenbuchsee – überall sind sie verschwunden. Zusätzlich sollten wir die Nachtzuglinien massiv ausbauen, zum Beispiel von Zürich nach London. Dieses Angebot würden sehr viele Reisende nutzen.

Laut Caritas ist in der Schweiz schon jede sechste Person armutsgefährdet. Mit wie viel Geld müssen Sie in einem der teuersten Länder der Welt zurechtkommen?

Ich bekomme eine volle IV-Rente plus Zusatzleistungen und verdiene mir noch ein wenig dazu mit dem Strassenverkauf von *Surprise*-Magazinen. Alles in allem komme ich auf etwa knapp 4000 Franken pro Monat. Es ist genug, um zu leben. Seit kurzem habe ich sogar auch Sponsoren.

Wie kam denn das?

Ich hatte mir ein grosses Plakat umgehängt und darauf geschrieben: «Hier könnte Ihre Werbung stehen!» Schon bald kam ein Mann auf mich zu, und seither mache ich als wandelnde Plakatsäule Werbung für seine Fahrschule und neuerdings auch für den Schweizer Rätselplausch. Mir gefällt's.

Welchen Luxus leisten Sie sich?

Ab und zu besuche ich ein Konzert, und als FCZ-Fan gehe ich regelmässig ins Fussballstadion. Absoluter Höhepunkt war meine Zugreise nach Wales im vergangenen Jahr. Wenn ich richtig viel Geld hätte, würde ich mir ein General-Abo für die 1. Klasse leisten. Ich liebe Zugfahrten.

Ihr Einkommen stammt mehrheitlich vom Staat. Werden Sie bisweilen dafür kritisiert?

Ja, viele Leute reagieren ganz dreckig, das tut weh. Sie sagen mir ins Gesicht: «Du lebst vom Staat, pfui!», und ich lese solche Sätze auch in den sozialen Medien. Aber was soll ich tun? Paradoxerweise wollte ich eigentlich weiterhin arbeiten, aber die Invaliden-Versicherung liess mich nicht wegen meiner geistigen Beeinträchtigung.

Auch politisch geraten IV-Bezügerinnen und -Bezüger regelmässig unter Druck.

Die Instrumentalisierung von armen Menschen ist das Schlimmste. Die Scheininvaliden-Kampagne der SVP im Jahr 2003 hat mich erschüttert, ich schrieb unzählige Leserbriefe. Aber der Tiefpunkt ist das neue Versicherungsgesetz, das die Überwachung durch Sozialdetektive erlaubt. Als es 2018 vom Volk angenommen wurde, brach ich in Tränen aus.

Wäre ein bedingungsloses Grundeinkommen für Sozialhilfeempfänger besser?

Nein, ich habe bei der Abstimmung von 2016 dagegen gestimmt. Wir wären damit schlechter gefahren als mit IV und Ergänzungsleistungen. Zudem fände ich es falsch, wenn alle Menschen vom Staat leben. Das möchte ich ja eigentlich auch nicht, aber ich habe keine Wahl.

Was wünschen Sie sich von den Schweizerinnen und Schweizern?

Dass sie uns nicht als Sündenbock betrachten. Dass sie merken, dass ihnen weder IV-Bezüger noch Sozialhilfeempfänger oder Asylbewerber den Job oder das Geld wegnehmen. Dass sie realisieren, dass in der Schweiz ein Prozent der Bevölkerung fast die Hälfte des Gesamtvermögens besitzt. Sollen sie ihren Frust doch politisch an denen auslassen.

Fabienne Morand

39, Saint-Prex (VD), Landwirtin, ledig. Sie hat 2021 den elterlichen Bauernhof übernommen mit Pflanzenbau, einer Pferdepension und ein paar Nutztieren, ausserdem hat sie den Hof für Schulbesuche und private Anlässe geöffnet.

Was bereitet Ihnen Sorgen, wenn Sie die Welt und die Schweiz betrachten?

Uff – das ist keine Frage, die ich besonders mag (*lacht*). Ich bin ein positiver Mensch und beklage mich ungern. Müsste ich trotzdem etwas nennen, würde ich sagen, dass es uns heute schwerfällt, anderen Menschen zuzuhören: Unsere Kommunikationsmittel sind zwar so fortschrittlich wie noch nie, doch wir haben Mühe, uns richtig auf jemanden einzulassen.

Fühlen Sie sich als Landwirtin gut vertreten in der nationalen Politik?

Darauf gebe ich die schweizerischste aller Antworten: Ja und nein. Einerseits sind unsere Politikerinnen und Politiker sehr nahbar, man kann sie problemlos ansprechen, sogar einen Bundesrat – ich glaube, das ist nirgendwo sonst möglich. Andererseits leben die gewählten Damen und Herren aber manchmal in einer Blase und blenden gewisse Realitäten aus. Wobei man als Bürgerin oder Bürger ja jederzeit gegensteuern könnte. Und ich glaube, da liegt das grössere Problem: Man beklagt sich über die Politik, aber man tut selbst nichts. Die Sitzungen der Legislative in den Gemeinden sind zum Beispiel öffentlich. So kann jeder Bürger direkt an der Entscheidungsfindung teilnehmen, und wenn er oder sie nicht einverstanden ist, stehen verschiedene demokratische Instrumente wie Petitionen oder Referenden zur Verfügung. Doch leider werden diese nur selten genutzt.

Wenn Sie etwas ändern könnten, was wäre das?

Ich würde den lokalen Konsum fördern: Kaufe ich das Mehl aus der Nachbarschaft, unterstütze ich damit das lokale Gewerbe bis hin zum Grafiker, der die Etiketten designt hat. Nehme ich aber ein Mehl aus dem Ausland, fliesst die ganze Wertschöpfung ab. Ein anderes Thema ist, dass die Leute den Bezug zu den Nahrungsmitteln verloren haben. Jeder Schüler sollte mindestens einmal einen Bauernhof besuchen und sehen, wie Früchte und Gemüse wachsen, wie man Getreide mahlt und aus dem Mehl das Brot backt. Diese banalen Dinge sind vielen Menschen nicht mehr geläufig.

Gehen Sie eigentlich immer abstimmen?

Immer! Aber ich lege von Zeit zu Zeit leer ein, meistens weil ich das Thema relevant finde, aber die Vorlage schlecht. Ich finde, die leere Stimme sollte mehr Gewicht bekommen: Wenn ein gewisser Prozentsatz leer einlegt, sollte die Politik gezwungen sein, neue Vorschläge zu entwickeln.

Sie leben und arbeiten im unmittelbaren Austausch mit der Natur. Wie sehr beschäftigt Sie der Klimawandel?

Wir spüren ihn natürlich schon und ich leugne seine Existenz nicht, aber er macht mich nicht *malade*: Ich tue mein Bestes, um selbst ein nachhaltiges Leben zu führen, aber ich kann die Entscheidungen von anderen und das Wetter nicht beeinflussen. Also lerne ich, mich an das neue Klima anzupassen und damit umzugehen.

Wo ist die Schweiz am schönsten?

An unseren Seen. Das kann am magischen Blausee sein, am Lac de Joux bei Sonnenuntergang oder am Genfersee mit den Alpen im Hintergrund.

Bea
Knecht

56, Bäch (SZ), Informatikerin, Unternehmerin und Gründerin der TV-Streaming-Plattform Zattoo. Sie lebte bis 2012 als Mann.

Was bereitet Ihnen Sorgen, wenn Sie die Welt und die Schweiz betrachten?

Die Menschheit ist durch die Explosion an Wissen und Herausforderungen dauerhaft überfordert: Wer versteht Covid *à fond*? Welche Chancen bringt die Gen-Schere CRISPR oder die AI GPT-3/4? Wie soll sich Europa Russland gegenüber langfristig verhalten? Wir brauchen Foren, wo medizinische, technische oder gesellschaftspolitische Themen ohne Scheuklappen, aber auch ohne Stimmen, welche die Meinungsfreiheit ausnutzen, um eine populistische Agenda durchzudrücken, erörtert werden können. Twitter wäre eine solche «sensemaking Allmend», wie ich es nenne, aber es ist schwierig für ein einzelnes Individuum wie Elon Musk, den Besitzer von Twitter, diese Allmend fair und ausgeglichen zu leiten – da wäre eine Stiftung wohl besser geeignet.

Warum sind diese Foren so wichtig?

Unsere Gesellschaft droht auseinandergerissen zu werden. In Deutschland beispielsweise wurde die Erfindung des Computers bis heute nicht ganz verarbeitet, digitale Technologien werden noch immer als Faust'sches Werk, also als Pakt mit dem Teufel, betrachtet. *Sensemaking* will die Wirklichkeit nicht interpretieren oder verhandeln, es geht darum, zu verstehen, was um uns herum passiert.

Wo sehen Sie diesbezüglich die Schweiz?

So furchtbar und teuer die Covid-Pandemie war, birgt sie auch Chancen: beispielsweise die Umwälzung der Arbeitswelt. Neuerdings sozialisiert man im Büro, zu Hause arbeitet man konzentriert. Dieses Prinzip wird früher oder später auch in den Schulen Einzug halten: Etwas provokant gesagt, wird dann zu Hause der Lernstoff im individuellen Tempo per Video und interaktiver App vermittelt, die Hausaufgaben werden zusammen in der Schule gelöst. Ich finde das eine sehr hoffnungsvolle Entwicklung.

Als Technologie-Expertin: Welche Entwicklung fasziniert Sie derzeit am meisten?

Im Jahr 2022 ist erstmals aus kontrollierter Kernfusion überschüssige Energie gewonnen worden. Sie kann uns langfristig helfen, weniger Treibhausgase auszustossen. Weiter wurde im November 2022 ChatGPT veröffentlicht, eine AI, die nicht nur verblüffend gut Texte schreiben kann, sondern auch Code generiert. Und das ist wirklich *mind blowing*. Man denke nur an den globalen Mangel an Programmierern. Ausserdem werden GPT und seine Weiterentwicklungen die Art verändern, wie wir im Internet suchen: Statt einer *Such*maschine wie Google haben wir nun eine *Antwort*maschine.

Werden wir die Klimaerwärmung durch technologische Errungenschaften in den Griff bekommen?

Eigentlich ist Skepsis angebracht, da sie schwer zu bremsen ist. Zweckoptimismus schwingt mit, wenn ich behaupte, dass wir die Kurve abflachen können. Die Diskussion dreht sich derzeit stark um Mobilität und besonders um das Fliegen. Aber rund 30 Prozent des globalen CO_2-Ausstosses fallen beim Heizen respektive beim Kühlen an. Doch genau in diesem Bereich gibt es bereits eine Wundermaschine: die Wärmepumpe. Und weitere technologische Durchbrüche werden folgen.

Sie lebten bis 2012 als Beat, nun als Bea. Inwiefern ist die Welt als Frau eine andere?

Die Kommunikation ist anders! Mir fällt seitdem auf, wie viele Dinge für Männer entwickelt wurden: Ich denke an Werkzeuge, die für die Anatomie und die Kraft von Männerhänden gebaut wurden, oder an die Medizin, die sich primär an männlichen Krankheitsbildern orientiert. Es gibt eine grosse Blindheit zwischen den Geschlechtern, auch da braucht es unbedingt mehr *sensemaking*.

Markus Mathieu

85, Fällanden (ZH), pensionierter Bankangestellter, verheiratet, drei Kinder, sechs Enkelkinder. Er war über 50 Jahre lang CVP-Mitglied, hilft bedürftigen Menschen bei der Steuererklärung und ist Hobbygärtner.

Was bereitet Ihnen Sorgen, wenn Sie die Welt und die Schweiz betrachten?

Die Migration, besonders die wachsende Flüchtlingswelle aus Afrika aufgrund des Bevölkerungswachstums und der zunehmenden Trockenheit. Sorgen machen mir auch die globale Zunahme von autokratischen Regimen und das Bestreben Chinas, die Welt zu dominieren. Und drittens die zunehmende Digitalisierung: Sie öffnet Tür und Tor für Betrüger, die heute viel zu leicht Zugriff auf unsere Daten bekommen.

Sie waren bis zur Pensionierung nebenamtlich Präsident der Rechnungsprüfungskommission Ihrer Wohngemeinde. Engagieren Sie sich noch politisch?

Ich nehme nach wie vor an jeder Abstimmung teil und besuche die Gemeindeversammlungen. Aber aus der CVP bin ich nach über 50 Jahren ausgetreten: Ich war gegen die Fusion mit der BDP und auch mit der Politik unserer Ortspartei nicht mehr einverstanden. Der damalige Präsident betrachtete die Partei als seine Privatangelegenheit und unterdrückte jegliche Debatte.

Haben Sie manchmal auch den Eindruck, «die dort oben in Bern» machen sowieso, was sie wollen?

Das ist populistischer Blödsinn. Wir können die Politiker jederzeit stoppen, wenn wir das Gefühl haben, sie machen nur noch, was sie wollen. Aber was mich stört, ist, dass viele Parlamentarier eine Show abziehen, statt ihre Arbeit zu verrichten. Und dass fast alle Volksvertreter Akademiker sind. Das entspricht nicht im Geringsten der Struktur des Stimmvolks.

Sie gehören zur «Generation Wirtschaftswunder», für die es steil aufwärts ging. Ist das die glücklichste Generation der Weltgeschichte?

Wenn Wohlstand Glück bedeutet, vermutlich schon. Als ich in den 1940er-Jahren im Walliser Bergdorf Oberems aufwuchs, gab es viermal pro Woche Kartoffeln, es floss kein Warmwasser und ich besass ein Paar Winterschuhe. Waren sie kaputt, trug mich meine grosse Schwester auf dem Rücken in die Schule. Unser Lebensstandard hat sich massiv verbessert, aber wir mussten auch hart dafür arbeiten. An ein Teilzeitpensum, Sabbaticals oder Reisen ins Ausland war damals nicht zu denken.

Sie waren Ihr ganzes Arbeitsleben bei derselben Grossbank tätig. Ist das Ende des Bankgeheimnisses eher Fluch oder Segen?

Wenn es wirklich dazu führt, die Steuerhinterziehung zu unterbinden, dann ist das gut so. Wobei man die Ultrareichen sowieso nie erwischt. Aber man sollte nicht vergessen: Das viele ausländische Kapital hat auch mitgeholfen, unsere Industrie und den erwähnten Wohlstand anzukurbeln. Ich war im Kreditgeschäft und wir haben unzählige lokale Unternehmen und private Immobilienbesitzer finanziert.

Betreffen Sie die Folgen des Klimawandels?

Als Hobbygärtner kämpfe ich mit den immer längeren Hitzeperioden. Sie werden mich zwingen, künftig andere Pflanzen anzubauen. Etwa Bohnen statt Kartoffeln, da sie weniger Wasser brauchen. Und die Gletscherschmelze daheim im Wallis ist beängstigend. Wenn wir diese nicht stoppen, kommt es schon bald zu Wassermangel mit enormen Konsequenzen für unsere Landwirtschaft und Stromproduktion. Es ist verrückt: Im 19. Jahrhundert gab es im Goms Prozessionen, wo man zum Herrgott gebetet hat, damit der Aletschgletscher nicht noch weiter ins Tal hinunterwächst. Heute beten wir fürs Gegenteil.

Was ist das Beste an der Schweiz?

Die direkte Demokratie. Jeder Bürger kann Einfluss nehmen auf die Zukunft des Landes, das finde ich grossartig. Schade nur, dass viele dieses Privileg so selten wahrnehmen.

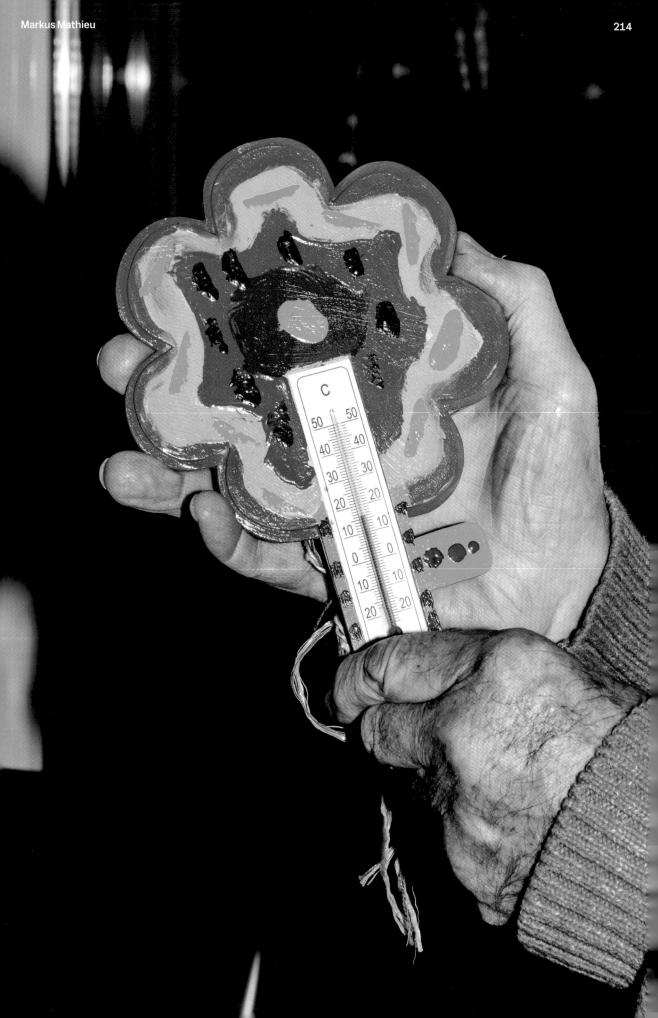

Sandra Christen

32, Ennetmoos (NW), Dipl. Pflegefachfrau und Model, ledig, hat als aktive Bergsteigerin auch schon den 6800 Meter hohen Ama Dablam bezwungen, das «Matterhorn Nepals».

Was bereitet Ihnen Sorgen, wenn Sie die Welt und die Schweiz betrachten?

Da ich sehr oft in den Bergen unterwegs bin, machen mir die sichtbaren Folgen des Klimawandels grosse Angst: die extremen Wetterlagen, das Gletscherschmelzen, das Schwinden des Permafrosts, die Zerstörung der natürlichen Ressourcen. In der Schweiz beunruhigt mich zudem das Verschwinden von Kulturlandfläche aufgrund des Bevölkerungswachstums. Und trotz der vielen Möglichkeiten und des Überflusses an Konsum, den wir haben, nehmen der Stress und die psychischen Krankheiten stetig zu. Wir sollten unsere Lebenseinstellung grundlegend überdenken und die kleinen Dinge besser wertschätzen.

Müssen wir auch den Bergtourismus ganz neu denken, um die Natur besser zu schützen? Sollte sich der Mensch gar ganz zurückziehen?

Schwierig, denn viele Regionen leben vom Tourismus. Aber es braucht sicher mehr geschützte Gebiete, vor allem aber auch mehr gesunden Menschenverstand. Wer in den Bergen unterwegs ist, sollte sich möglichst umweltbewusst verhalten: Müll und Lärm vermeiden, Schutzzonen respektieren, bestehende Feuerstellen nutzen.

Sie arbeiten als Pflegefachfrau im Gesundheitswesen, dem das Personal zunehmend abhandenkommt. **Was muss geschehen, damit das System nicht kollabiert?**

Das grösste Problem ist die permanente Überlastung. Die Leute haben keinen blassen Schimmer, was wir tagtäglich leisten. Die Solidaritätsbekundungen während der Pandemie waren ja nett, aber es braucht konkrete Verbesserungen: höhere Löhne und vor allem auch mehr Personal, um den Stress zu reduzieren. Die Mitarbeitenden müssen besser gefördert und das Teambuilding gestärkt werden. Ich persönlich habe die Stellenprozente reduziert und mir ein zweites Standbein als Model aufgebaut. Seither gehe ich wieder viel motivierter arbeiten.

Der Schönheitskult nimmt durch die sozialen Medien teilweise ungesunde Dimensionen an und führt bei jungen Frauen – und auch Männern – vermehrt zu Essstörungen und Bodyshaming. Hat man da als Model eine besondere Verantwortung?

Ich denke schon. Deshalb gebe ich mir Mühe, authentisch zu sein, und ich versuche, mich möglichst natürlich, auch ohne Filter zu zeigen – so wie ich bin! Ich stehe für Echtheit auf Social Media und möchte meinen Followern neben den Werbekampagnen auch meine Bodenständigkeit im Alltag zeigen und vor allem die Freude an dem, was ich tue. Ich versuche stets, Natürlichkeit und Gesundheit auszustrahlen.

Ihre Generation steht nun vor der Kinderfrage. Lassen sich heute Familie und Karriere besser unter einen Hut bringen als früher?

Das glaube ich schon. Viele Jobs lassen heute grosse Flexibilität zu dank Homeoffice und Teilzeitpensen. Und wer keine Unterstützung durch die Familie hat, kann vielerorts auf ausserfamiliäre Betreuungsangebote zurückgreifen. Die Frage ist eher, ob man in diese Welt überhaupt noch Kinder setzen will. Ich habe mehrere Kolleginnen, die bewusst aufs Kinderkriegen verzichten. Ich finde diese Haltung stark und sehr konsequent.

Was ist für Sie der schönste Berg der Schweiz?

Das ist eher ein *Bergli* (*lacht*). Am schönsten finde ich es auf dem Zingel, einem 860 Meter hohen Aussichtspunkt oberhalb meines Heimatortes Ennetmoos. Hier hat man einen atemberaubenden Rundblick über den Pilatus, die Rigi und das Stanserhorn sowie den Vierwaldstättersee. Und es ist ein Stück Heimat: Mein Vater ist da oben aufgewachsen und ich habe dort als Kind viel Zeit verbracht.

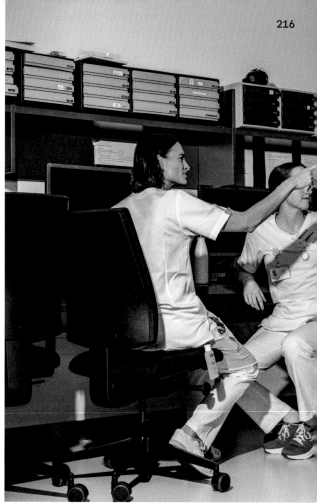

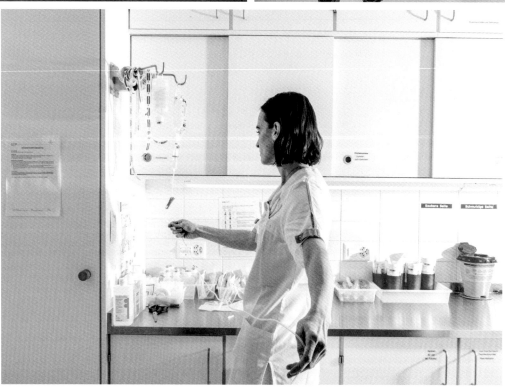

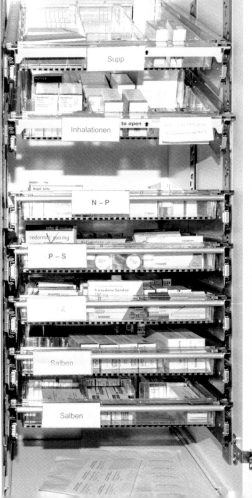

Loïs Magony

25, Vevey (VD), pflegt als Baumkletterer Bäume in luftigen Höhen, in seiner Freizeit ist er Segler, Freistilkletterer, Paraglider und balanciert als Highliner auf einem Seil über Schluchten.

Was bereitet Ihnen Sorgen, wenn Sie die Welt und die Schweiz betrachten?

Mich beunruhigt, dass das Leben immer teurer wird, ganz besonders bei uns in der Schweiz. Die Mieten, die Versicherungen, Krankenkassen, die Lebensmittel, die Restaurants – alles kostet immer mehr. Hinzu kommen die hohen Abzüge beim Lohn für die Sozialabgaben – an Sparen ist da nicht zu denken.

Kann sich Ihre Generation noch die grossen Lebensträume erfüllen?

Wohl weniger als unsere Eltern. Die meisten Jungen können sich kein Eigenheim mehr leisten. Und wenn du etwas Eigenes aufbauen willst – einen kleinen Betrieb oder einen eigenen Bauernhof –, dann ist das viel zu teuer und schwierig, denn es gibt viel zu viele Regulierungen und Auflagen.

Das Durchschnittsalter des Parlaments in Bern beträgt 51 Jahre (Nationalrat) bzw. 57 Jahre (Ständerat). Fühlen Sie sich als junger Mensch trotzdem gut repräsentiert?

Ich bin politisch nicht sehr bewandert, aber mein Eindruck ist: Es gibt zwar durchaus Leute mit guten Ideen, aber die haben zu wenig Einfluss, denn die Politik will lieber die aktuellen Pfründen schützen als etwas Neues wagen. Beispielsweise wird viel zu wenig über die wirklichen Probleme wie den Klimawandel und unser übersteigertes Konsumverhalten gesprochen.

Erleben Sie die Auswirkungen des Klimawandels in Ihrer Tätigkeit als Baumpfleger?

Natürlich, jeden Tag. Viele Bäume leiden. Sie haben Durst, sie vertrocknen, sie sterben. Das gilt nicht nur für die Städte, sondern auch für die Bäume im kühleren Wald. Besonders betroffen ist die Buche. Weniger Bäume bedeutet weniger Schatten und damit noch mehr Hitze. Ich appelliere daher an alle Leute, auch an jene aus meinem Metier: Lasst die Bäume natürlicher wachsen! Schneidet sie nicht jedes Jahr stark zurück, damit wir mehr Schatten in den Städten und Gärten haben!

Wir könnten doch einfach hitzeresistentere Baumarten pflanzen?

Das geschieht ja auch. Aber wenn ein 100-jähriger Baum, der stirbt, durch einen jungen ersetzt wird, produziert dieser erst nach sehr vielen Jahren genauso viel Sauerstoff und bietet denselben Lebensraum für kleine Tiere und Vögel. Und da wir nicht so viel Zeit haben, kommen wir nicht drum herum, unseren Lebensstil zu ändern.

Sie sind ein Outdoor-Fan und lieben Extremsportarten, unter anderem balancieren Sie auf einem Seil über 60 Meter hohe Schluchten. Warum nehmen Sie dieses Risiko auf sich?

Ich mache das aus Freude. Es geht darum, sich selbst zu vertrauen. Und ich geniesse dabei die Schönheit eines Ortes und der Natur. Oft ist das Leben dort oben besser als unten.

Und was fasziniert Sie am meisten an der Natur in der Schweiz?

Die grossartige landschaftliche Vielfalt. Denken Sie nur an die Region, in der ich lebe: Der See, die Berge, intakte Dörfer – alles, was die Schönheit der Schweiz ausmacht, findet sich hier am Lac Léman in unmittelbarer Nähe.

Carlos Mäder aka Kojo Benya Kwadwo Brown

45, Luzern (LU), Marketingchef des FIFA-Museums, verlobt, ein Kind. Er stammt aus Ghana, wurde als Baby von Schweizer Eltern adoptiert, ist begeisterter Skirennfahrer.

Was bereitet Ihnen Sorgen, wenn Sie die Welt und die Schweiz betrachten?

Mein Credo lautet «Ain't no mountain high enough» (Kein Berg ist zu hoch), und ich habe für mich selbst eigentlich keine Sorgen. Aber für meine neugeborene Tochter mache ich mir schon Gedanken, etwa über die zunehmende Aggressivität der Gesellschaft infolge von Corona. Für die Kritiker gab es nur noch Schwarz und Weiss, vernünftige Gespräche wurden unmöglich. Dabei lebten wir im Schlaraffenland, in anderen Ländern durften die Menschen wochenlang nicht ihre Wohnung verlassen. Höchst beunruhigend finde ich auch die sinkende Toleranz gegenüber Ausländern.

Wo stellen Sie das fest?

Politisch manifestiert sich das in der Zuwanderungsinitiative der SVP, mit der die Einwanderung gebremst werden soll. Aber schlimmer ist, dass dieser Populismus zunehmend Anklang findet, selbst in meinem Bekanntenkreis, der traditionell Mitte-links wählt. Natürlich gibt es Probleme mit kriminellen Migranten und das soll auch benannt werden. Ich verstehe auch, dass sich die Leute über Dichtestress und höhere Immobilienpreise aufregen, weil die Bevölkerung wächst. Aber die Antwort darauf sollte nicht Ausländerhetze sein, sondern neue Arbeits-, Transport- und Wohnbaukonzepte. Ich hoffe für meine Tochter, dass die Schweiz ein tolerantes Land bleibt und wir unsere Diversität behalten, denn das ist ein sehr hohes Gut.

Erleben Sie viel Rassismus in der Schweiz?

Im Gegenteil: Verglichen mit anderen Ländern sind die Menschen hier sehr offen und tolerant, besonders in den Städten. Ich fühle mich hier willkommen und wurde auch beruflich nie benachteiligt. Offenen Rassismus habe ich eigentlich nur beim Fussball erlebt. Als Junior wurde ich gelegentlich vom Gegenspieler mit dem «N-Wort» beschimpft. Und als Fan habe ich die Affenrufe der Fankurven miterlebt. Das hat schon sehr wehgetan.

Die Integration ist ein politischer Dauerbrenner. Aus Ihrer Erfahrung: Wie gelingt sie?

Der Schlüssel dazu ist die Sprache. Als meine tunesisch-stämmige Verlobte in die Schweiz kam, habe ich sie als erstes für den Deutschkurs angemeldet. Die Zuwanderer müssen nicht zu Superschweizern mutieren, aber sie müssen sich mit der Schweizer Kultur auseinandersetzen und unsere Regeln verstehen. Das ist eine Bringschuld, ganz nach dem Motto von J. F. Kennedy: «Ask not what your country can do for you – ask what you can do for your country.» Und idealerweise geht man in einen Sportverein, eine bessere Integrationsmaschine gibt es nicht. Gemeinsam zu siegen und zu verlieren, das verbindet mehr als alles andere.

Apropos Sport: Sie nahmen 2022 für Ghana an den Olympischen Spielen teil. Um sich zu qualifizieren, bestritten Sie Wettkämpfe in Island, Bulgarien oder im Iran. Ist der Skirennsport und Skifahren ganz generell in Zeiten des Klimawandels noch opportun?

Natürlich sind Schneekanonen nicht ideal. Und die Reiserei des Weltcupzirkus zwischen den Kontinenten ist Nonsens. Aber ich tue mich schwer damit, allzu schwarzzusehen. Den Klimawandel gibt's, aber wir sollten den Fokus auf den Wandel legen, und wir brauchen noch über einen längeren Zeitraum Daten. Früher begann die Skisaison im November, aber sie war im März vorbei. Heute geht's später los, aber dafür beenden wir die Saison mit unserem traditionellen Ski-Weekend jeweils erst an Ostern.

Als Marketingprofi: Welche Schweizer Orte muss jede Touristin und jeder Tourist gesehen haben?

Die Kappel-Brücke in Luzern und natürlich die Berge – am besten den Pilatus oder den Titlis. Aber unser grösster touristischer Trumpf ist erfahrungsgemäss nicht die Natur, sondern unsere Ordnung und Sauberkeit. Kürzlich meinte ein Gast aus den USA: «This is unreal. It's a wonderland here.» Wir sollten uns immer wieder vor Augen führen, in was für einem coolen Land wir leben.

Dank

Der Verlag, die Herausgebenden, Autorinnen und Autoren danken der Now Foundation, der Asuera Stiftung sowie der Else v. Sick Stiftung für ihre Unterstützung.

Bildnachweis

Seiten 5–33, 43–47, 61–65, 81–85, 99–103, 111–117, Innenseiten Backcover:
© Ludovic Balland
Seiten 140–222: © Pati Grabowicz

Impressum

Konzept:
    Lucas Bretschger, Rolf Fehlbaum,
    Wolf Linder, Klaus Mathis,
    Markus Notter, Sonia Seneviratne,
    Charlotte Sieber-Gasser,
    Andreas Spillmann, Laura Zimmermann

Gestaltung:
    Ludovic Balland und Annina Schepping,
    Typography Cabinet GmbH, Basel

Fotografie:
    Ludovic Balland und Pati Grabowicz

Korrektorat:
    Lisa Schons

Schriften:
    Fuller © Ludovic Balland
    Times Ten LT Std

Papier:
    Munken Print White 1.5, 115 g/m²
    Profimatt 1.0, 90 g/m² und 115 g/m²
    Swizzboard White 350 g/m²

Lithografie:
    Seiten 5–33, 43–47, 61–65, 81–85,
    99–103, 111–117:
    Widmer & Fluri GmbH, Zürich
    Seiten 140–222:
    MUSUMECI S.p.A, Quart

Druck und Bindung:
    MUSUMECI S.p.A
    Quart (AO), Italien
    printingartbooks.com

Copyright der vorliegenden Ausgabe:
    © 2023 Verlag Scheidegger & Spiess
    AG, Zürich
    © für die Texte: die Autorinnen und
    Autoren
    © für die Bilder: siehe Bildnachweis

Verlag Scheidegger & Spiess
    Niederdorfstrasse 54
    8001 Zürich
    Schweiz
    www.scheidegger-spiess.ch

Der Verlag Scheidegger & Spiess wird vom Bundesamt für Kultur mit einem Strukturbeitrag für die Jahre 2021–2024 unterstützt.

ISBN 978-3-03942-167-1

Wohnorte der interviewten Personen